JN023184

生死を超える
神界のメビウス
Mana
三楽舎

はじめに

私たちの魂がさらなる進化成長をしていくプロセスには、人によって様々な段階がありますが、今の自分がいる段階や立場・状況を、**自らが進化しないための「言い訳」**にするならば、その**「進まなさ」**はもっとひどくなります。このことは、師や先生たちから強く言われたことです。

どういうことかと言いますと、たとえば、「お金も時間もないから」とか、「先生たちとは違って、私はまだこの段階だから、そして主婦だから、これくらいでいいんです」という認識は、次の段階に進むことを確実に見送ることになります。

そうなると、いつまでたっても「お金と時間がないから仕方ないよね」とか、「私はまだ初心者に近い段階だから、これくらいでいいのです」という状態が、延々と（ずっと）繰り返されます。

そう意図しているから、そう決め付けているから、そんな現状を自らが創っていることを気付かないでおられます。

何万年も続けた生き様や、長期にわたって習慣化されて意識の深層にまで浸透したクセは、少しの期間だけを努力するくらいでは変えられませんし、ちょっとだけ内面を変えてみるとか、一日10分程度は意識して気を付けている、くらいでは無理なのです。完全に変わるまでは、常に意識して精進し続けることが必要です。

しかし、エゴは「精進」「取り組み」が嫌いであるから、古い自分の生き方を選択し続けるのですが、**神の魂としてさらなる「取り組み」をしないことは、実際は、魂にとってかなりの痛みを伴う選択となってしまい、その痛みが、カラダの痛みや、病気や、金欠として現れます。**

ある師からも言われた事ですが、長年変化できない人は、「基本的な土台」の積み重ねという「取り組み」を本当には行っておらず、見た目だけが進化することを選んできた人なのです。

(見た目は)覚醒してサイキックなチャネリング能力が出てきたようでも、(見た目は)他者に対して誠実に貢献しているようでも、自分自身が神としてさらに変化(進化)していくことを実践していかないならば、せっかくの貢献も無駄になります。

社会的に習慣化したものばかりを日々繰り返すだけでは、発展繁栄する現実は創造できません。

それを変えるためには、これまでとは全く違う、進化への強烈な意志と言動を維持し続けることが求められます。

「分かっているけど、そんなのイヤ」と思えば思うほど、ますます行う力をなくしていきます。

変化(進化)への精進をしたくないエゴは、「そんなに簡単じゃないよ」というセリフを口に出しながら、物事をいっそう複雑にすることで言い訳をしながら、自分を正当化しようとします。

「取り組み」や「精進」をしないための言い訳です。

そして、多くの方々が無意識に勘違いをしているから、精進をいやがることになるのです。スピリチュアルな道とは、今の自分が少しでも神魂(神格)に近付けるよう努力していく「道のり」のことだと思っていないでしょうか? あるいは、人間意識のまま、愛の奉仕の実践をすることだと考えていないでしょうか?

それは全く違います。それですと、いつまでたっても神を「めざす」だけで一生を終えてしまいます。

めざすのではなくて、**たった今、神の魂として明確な「自覚」をもって精進し始めることが、スピリチュアル道（神ながら道）です。そして、神だけが自由自在に変容でき、さらに進化できるのです。**

実際、全ての物事は、単純でシンプルなのです。

魂としての精進の道に入りたい方は、ぜひとも「素直な真心で、全てをシンプルな愛に戻していく」と意図して下さい。そして、単独の孤立した心から行うのではなく、常に「神々と共にある心」をもって言動をとって下さい。

本書は、そんなあなたの最高のソウルメイトになれると思います。

第5章 あなたの人生に「神聖で美しい花」を咲かせる

第6章 思考の分断がつくる不幸感

第9章
神の呼吸が無限の世界へとつながる

第**1**章

三次元の知覚世界で超えていくべきもの

プログラムとは何か

私たちは赤ちゃんの頃から一般常識などを条件付けされてきました。洗脳と言っても過言ではありませんが、プログラムされ続けるのです。

「こうすればこうなってしまうよ」とか、「それは難しい」とか、「これがいい」とか、自分の好奇心に限界や制限をかけられていくのです。

これが苦手、あれは嫌い、そんなことは絶対にあり得ない、現実には起きない、そういった制限のある考え方、特定の思考、部分的な概念をプログラムと呼びます。プログラムが悪いということではなく、そんなものを植え付けられていては、本当の意味での自由意志を使えるはずがないのです。

私たちは、あらゆる機会を、いつも自分の自由意志で「自発的に選択している」と思っていますが、実は、無意識レベルに存在する「思い込み・観念・信念」というようなプログラムによって感情的に支配され、制限させられています。特に恐怖エネルギーによって支配されています。その感情的な制限によって無意識に誘導されながら、そこに何の疑問も持たず、ただ無自覚に付き従って生きています。

つまり、私たちの「自由な意識」が何かを選択しているのではなく、「制限された意識」である自我が、まるでAIロボットのごとく「制限そのもの」を選択し続けているだけです。

要は、「制限そのもの」が、ただプログラムのままに機械的に作動しているだけなのです。
あまりにも世間の情報に対して無謀すぎる人が多いようです。権威や、権力や、学歴、知名度などの「偶像」を信頼しすぎです。そうではなくて、あなたの自由な発想、内なる神、本来の無敵の生命力、それらを信頼すべきだったのです。あなたの魂の愛の衝動こそが世界の法律であり、宇宙憲法そのものだったのです。

私たち各自の魂の意識が、それぞれ明確な意図を持って、「潜在意識」や「無意識」のなかに深くダイビングして、プログラムに支配されてきた過去の自分（＝自我）とつながって、その言い分を聞き、**制限から完全に解放してあげることです。**それが真の自由を得るために必要な浄化です。

そして、いかなる恐怖のプログラムであっても、いったんは刷り込まれなければ、恐怖感が一体どんなものなのか知ることはできませんでしたし、こんなにも「すったもんだする現実」を引き寄せるのだということを、経験して知ることができなかったわけです。
そう考えますと、プログラムを刷り込まれた時点までは良かったわけです。ただし、刷り込まれたこと自体を忘れてしまったために、スピリチュアルな道を歩んでいたことすら分からなくなってしまったことが痛恨の極みです。

一日セミナーや、たまに個人的なセッションを受けるくらいのアプローチでは、私たちの無意識層にある一般常識という名の「制限プログラム」を完全に削除することは非常に困難でしょう。

ずっとスピリチュアルな精進から逃げてきた人や、今もなお気分が向いた時にしか取り組まない人たちが、今この大変な時だけ、恐怖や不安を解放できるほど、「無意識」の領域に対するアプローチは簡単ではないのです。

そして、「私はこれでもう充分かも」と思う人がいらっしゃるなら、大きな勘違いと言えるでしょう。本当に無意識層のプログラムが完全浄化されているなら、その人の人生は**笑いがとまらない**ほどの日々になり、悩みも不安も皆無になり、直観的に進むべき方向性が分かり、ますます世界に貢献するような活躍の場が自動的に開いているはずなのです。

無意識のプログラムを外せば、私たちが今まで奇跡だと思っていたことが、楽に起こるようになるのですが、プログラムされた通りの現実を沢山経験してきていますし、その記憶があまりにも重くのしかかっているせいで、「それ以外の奇跡」を全く信じられなくなっている方が多いのです。

私たちは、何度も何度も同じことを繰り返し言われ続けると、それがどんなに不自然なことであっても、嘘であっても、最後には動かしがたい現実・真実になってしまうのです。

「肉体は必ず死ぬ」に始まり、「自分は大したことない」とか、「人は神にはなれない」など、実に沢山のプログラムを聞かされ、インプットされていくうちに、それは完全な真理になってしまうのです。

あらかじめ、何か特定のことだけを決め付けて信じ込んでしまうと、それ以外の未知なる体験ができなくなります。**もし、何かを信じ込んで、そのとおりの体験をしたとしても、常にリセットする必要があります。**体験を完了したら必ずゼロに戻して、「これはこうだ」という結論付けを握りしめないことです。自分を頑固にするような決め付けや固定観念を持たないことです。他の色々な考え方や可能性についても、オープンな心でいることが大切なのです。

制限された思考や信念のプログラムによる経験をしたとしても、その経験から知ることができた全てのモノゴトに感謝と祝福をし、必ずゼロにリセットするならば、そこからは自由で制限の無い人生が開いてきます。

私たちが今所属しているこの三次元の知覚世界は、物質という形態の中で「限界を超える弥栄創造についての理解」を体験的に学ぶ世界なのです。

また、プログラムという表現にも決して嫌悪感を持たないで頂きたいと思います。なぜなら、神界の青写真である弥栄システムも、ある意味でプログラムと言えるからです。

まだ私たちが神の魂として生きていた原初の頃、制限や限界のプログラムが入力される以前には、宇宙本来の弥栄プログラムが根本的に魂の中に備わっており、それは無限の発展性・進化性のためのシステムだったのです。

地上界での「肉体死のプログラム」

「意識や魂は永遠に生きるが、肉体は物質だから死ななくてはならない」という考え方は、私たち（＝魂）が地上に降りて肉体を授かってから、ほどなくしてインプットされてしまった限界プログラムです。

肉体を物質的な肉の塊として認識することによって、「物質は必ず崩壊するから、肉体も必ず崩壊するはずだ」と考えたのです。それは単に「考え方」のひとつにすぎませんでしたが、やがては固定観念として定着していきました。

あまりにも超古代のことであり、内面の奥深くに刻まれたために、今の今まで誰も気付かず、なかなか発見されることができにくかったプログラムといえます。インプットされていることさえ自覚できないほどに、多くの人に自然に受け入れられてしまったプログラムです。過去、何千年にもわたって、そのプログラムによって制限されてきましたが、肉体が早く老化し、衰弱する状態は、もとからそうなっていたのではなく、人間エゴの意識によって、ＤＮＡが改ざんされたのです。

もともと、肉体本来の幹細胞（ＤＮＡゲノム）は、自己修復力と復活再生力を充分に発揮できていたのです。

最初はたった一人の固定観念であっても、やがては集落や地域社会へと伝搬し、全国レベル、全世界レベルでの共通認識として確立されていきます。

過去の私たちはそのとおりに、肉体死という「実習体験」を開始するようになっていったのです。ただ、単に肉体死を「実習体験」するだけなら良かったのですが、死のプログラムによって「死には勝てないのだ」「死は仕方がない」という強い信念と固定観念がさらにつちかわれ、心の弊害も出てまいりました。

それが無力感であり、絶望であり、生まれたことへの深い悲しみだったのです。無力感という苦しみは、やがて絶望や、あきらめや、怒りや、悲しみといったような感情の基礎にもなっていきました。そして心の弊害によって、脳下垂体や松果体は死のホルモン（脳内ステロイド）を生産するようになってしまったのです。不自然な感情は変質したタンパク質をつくり、日々、肉体細胞を自己破壊していきます。

このような肉体死の信念から何が起きるかと言いますと、浅い呼吸になり、制限されて部分的に生き、少しだけ何かを愛し、どうせ肉体から出ていくことになるという恐怖のために、カラダの中にじっくりと腰を落ち着けていられないという反応になるのです。

世の中には、悲惨な状況、貧困、病気、殺人、狂気、暴力、戦争などが、いまだにあふれているように見えます。

それらの辛くて苦しい現象は、私たち一人ひとりの「死への衝動」から引き起こされているのだと申し上げます。ふと死にたくなる、ふと全てがどうでもよくなる、それが死の衝動です。戦争や災害も、私たちの内なる「死への衝動（自己破壊ＤＮＡ）」が、ただ外側へ現象化して現れたものだということです。

私たちの意識は全員つながっています。ですから、殺人者や戦争犯罪人だけが悪いのではなく、私たちが殺人犯の「死の衝動」に一役かっていることを知らねばなりません。

貧困、病、老化、それらの状況は「表層」であって、原因の「根っこ」そのものではありません。私たちの内面にある死の衝動（死のプログラム）こそが根っこであり、実際の病や老化や貧困や肉体死は、あくまでもプログラムの具現化が表に出てきただけなのです。

ただし、肉体死のプログラムを外して、完全に削除したからといって、今の私たちの肉体が、今日からすぐに永遠無限に発展し続けるような「不老不死（常若（とこわか））の生命体」になれるわけではありません。

それはまだ無理です。たくさんのプログラムを外し、感情の浄化を進め、自らの魂を神の魂にまで神化させていかないと無理なのです。それは、今後の私たちの意識や魂にとっての大きな課題です。

不死の肉体だとか、永遠の生命循環という考えは、実に気違いじみていると思われるかもしれませんが、私たちがもともとの高次の光の波動存在にシフトするには、どうしてもこの「根深い観念」を手放していかなければならないのです。

「私たちに選択の余地などなく、肉体は必ず死ななくてはならない」という考え方が広く定着するようになったのは、ここ五千年くらいのことだと言われています。

古代インドにおいては、死は各自の自由意志で選択できるのだと、誰もが知っていたのです。

人間の寿命は、およそ４５００年前に、１２０歳に縮んだと聖書（創世記6章3節）に述べられていますが、その後、３５００年前頃には、70歳にまで縮むことになったようです。

私たち本来の生命力（宇宙的な愛の力）が充分に機能していた頃は、私たちの肉体の生命組織は健康長寿や不老が普通でした。

脳下垂体や松果体は、生命存続のホルモンだけを分泌していたのです。

全てを創り出した宇宙の原点（虚空）は、短い束の間の年月だけを生きるようにカラダを創ったわけではありません。ですから、絶対に死ななくてはならない人など誰もいません。

私たちは、死なないこと自体が目的というよりも、「死のプログラム」を手放すことで、各自の人生の可能性が格段に広がります。このように、皆で共に愛し合って栄え続けるという「喜び」を充分に体感し続けることが目的で、今ここに生かされています。

肉体は物質ではない

誰でも知っているように、私たちの肉体は細胞で構成され、細胞は原子から構成されています。

そして、この原子ですが、物理学に詳しい人ならご存知のように、原子核の周囲を電子が動いて回っているだけで、ガッチリと固まったものは何もありません。しかも、原子核と電子の間は、（相対的に言いますと）太陽と地球くらいに離れていて、スキマだらけなのです。

カラダは空っぽ（カラ）ですから、まさに「カラだ！」なのです。

肉体は、こういう原子で構成されているのです。肉体だけでなく、おおよそ「物」と呼ばれている空間には、固定した物質などどこにもないわけです。**物質は幻想であって、光の動きがあるだけです。**

あなたが物質だと思っている肉体は、あたかも物質のように見えてはいますが、脳が錯覚を起こしているので、絶対的な真実を見てはいません。私たちが見ている肉体は、自分の意識の中、意識の中身なのです。

レントゲン（放射線）をご存知だと思いますが、もし、そのレントゲンの目を持っているレントゲン星人が存在していたなら、私たちの肉体を見たときに、骨しか見えないことが分かりますよね。もし、私たちがレントゲン星に遊びに行ったなら、その星の絵描きさんは皆「これが地球人だ」と言って骨を描くわけです。私たちがその絵を見たら「この人たち、目が変だ」と思うはずです。

イルカや犬が見ている世界も、私たちとは違う世界を見ていることが物理学の世界では分かってきています。

レントゲンだけじゃなくて、赤外線カメラもそうです。私たちの目には見えないものが、真っ暗闇でも見えます。

ひとつ、ハッキリしていることは、科学でも証明されていますが、私たちの肉眼で見ている通りの世界がここに有るわけではないという事実です。

それなのに相変わらず私たちは、見た通りのものが有ると誤解して錯覚しているのです。

ありがたいことに、ゴーグルをかけて遊ぶシュミレーションゲーム、バーチャルゲームというものが発達してきています。ゴーグルの中に映像をつくって、そのゴーグルをかけると、映像は「すぐ目の前」にあるだけなのに、あたかも無限に広い空間がずっと遠くまで広がっているかのように見えます。

いわゆる**「見えているだけ」**であって、見えているものが必ずここに**「有る」**わけではないのです。「見えている」イコール「実際に有る」ではないのです。

そんなふうに色々な見え方があって「見えているだけ」だとして、それより大切なことは「じゃあ、外側には本当は何があるのか？」という真実のほうです。

外にあるものは何か？　ハッキリしていることは、虚空からあふれ出る宇宙生命の光エネルギーがあることです。

その光は、私たちの表現で言うなら「遍満（へんまん）している」つまり**どこにでも満ち満ちている**わけです。無限の広がりがあるので、限定されたカタチではありません。

私たちは、この肉体を物質的なものとして考え、物質として見ていますが、この肉体も「見えているだけ」であって、実際には光エネルギーの「死と再生」の営みがあるだけなのです。

魂と肉体とに区分する二元論は、哲学者プラトンによるものですが、それが間違いということではなく、ひとつのものを別の角度から見ているだけです。

魂と肉体とは、同じひとつのものを「別の次元」の角度から観ているだけであり、背中とお腹のように絶対に切り離せないものです。

不二（二つにあらず）なのです。魂魄一如（こんぱくいちにょ）です。色即是空、空即是色です。

肉体・物質・現実は、固定していない

いまだに外側の現実に振り回されがちな方々は、外側の現実をどこか恐くて厳しいものとして感じ「外側に起こる現実のほうが、こんな自分自身よりもずっと脅威的な力を持っている」と感じていらっしゃるのではないでしょうか。

そんな方に申し上げたいことは、いったい現実というものが何から出来上がっているのかを、どうかちゃんと科学的に知って頂きたいということです。

そして、現実世界に属している物質や肉体についても、普遍的かつ科学的な真実を知って頂きたいと思います。

私たちは、固定的な物質や、固定的な肉体の塊があると思い込んでいます。つまり「固い実体」としての物質というものが、同じカタチのまま確実に存在していると信じています。物質を長期固定的なものとして見ていますから、肉体のことも長期固定的な塊のように見ています。

いかがでしょうか。

物質だけに限らず、見えたコトや、起こったコト、そういう現象も、固定的にとられがちです。例えば、先ほど肉眼で見た数字残高なども、固定的な〝固い実体〟として記憶され、引き続き今もここに存続していると思い込んでいます。

脳が錯覚を起こすのです。いったん肉眼で見たものを脳が記憶してしまうと、脳は何度も繰り返して「今もそうだ」と、私たちに知らせるのです。

量子物理学では、物質のように見えるカタチの内部には、光エネルギーの循環（宇宙生命の循環）しかないということが分かってきています。光エネルギーのことを知っている人々なら簡単に理解できると思うのですが、**肉体の細胞は原子で構成され、その原子の中は空白の空間になっていて、光の活動しかありません。**

固定的な物質だと思い込んでいるモノの内部をいくら探しても、基本的な構成物質は何もありません。光エネルギーの空間だらけで、固形物や物体などどこにもないのです。

ですから、肉体は固定的なものではないということさえ私たちが理解できれば、永遠に肉体を生かして存在させてあげられるのです。

ところが「物質は固定的ではない」「肉体も固定的ではない」ということが、なかなか理解できない。もっと言いますと「この世の現象は、一瞬たりとも固定しない」ということが実感できないのです。

例えば、樹木の中には肉体の手が入り込んでいかないから、手が貫通しないから、つい「モノは固い」「手も固い」とか、「ここに樹木が固定している」と認識してしまうわけですね。しかし、実際はスキマだらけ。**しかも、常に変化していて、流動的で、一瞬たりとも同じ空間ではないのです。**

では、なぜ手が樹木を通り抜けないのでしょう？

それは、物理世界は電磁場なので、原子核の周囲を回る電子が、自分の場（テリトリー・フィー

ルド）を主張して、これ以外は入らせまいとする「電子の反発作用」があるからです。（素粒子のフェルミオン効果）

ですから、肉体の手は入り込めないけれど、意識の手（光の手）は樹木の中へ貫通することができるのです。

なかなかすぐには脳の理解が追いつかないかもしれませんが、私たちの肉眼で見ている通りの物理的な現実世界が、「先に」外側に有るわけではないのです。

要は、物のカタチが私たちの外側に「先に」存在しているわけではなく、あなたの意識の内面に光の粒々が凝集し、イメージとなって立体映像を結ぶのです。

光が画像を結ぶだけです。これが「真の現実」（第一次的な現実）です。

このようにして意識の中に創られた立体画像を脳が見て、そのまま外の空間へ大きく放映します。

放映されたものを「二次的な現実」と言いますが、一般社会ではこちらのほうを現実と呼ぶことが多いのですが、錯覚しないで下さい。

ですから、**外から起こってくるモノゴトなど何もないわけです。**

現実という確定したモノゴトが、外から私たちに降りかかってくるわけではありません。

全て、私たちの「内側の意識」によるのです。

実際、現代物理学では「人の肉体も光のツブツブで出来ている」と言います。

ガチガチに固まった物質として見えるのは、錯覚にすぎません。一瞬一瞬の光の集まりや、まとまりを物質と呼んでみただけです。

この光（素粒子・量子）は、宇宙空間のスミからスミまで、いたるところに、どこにでも、もれなく遍満して動いているのです。

無限の広がり空間ですから、決まった奥行きも、限界も、距離もなく、頭の理解を超えて、どこまでも永遠に遍満しています。

私たちを生かし続ける「死と再生」の神システム

2020年、今世の私たちにとっては前人未到の領域に入っています。

ウイルス感染を契機に、今までの社会秩序が壊れるような現象も起こっています。しかし、この現象を科学的でスピリチュアルな目線から観ていくと、とてつもない変容が起ころうとしているのが分かるのです。

目で見える実際の現実や出来事は、実は、目には見えない極小の世界（光子・量子の世界）から創られています。この極小のものを、古事記では少名毘古那神（すくなびこなのかみ）と表現しています。

目には見えない極小の世界が、そのまま大きく投影されて「私たちの現実世界」として出現しているだけなのです。

極小の光の粒々たち（＝生命の元素）は、粒ではない形態をしている時もあり、波のように動き、さらには、しぶきとなって砕け散ったりもします。

常に変化して、一時も同じ状態にはならないのです。

すなわち、私たちの外側の現実世界は常に変化しており、それは、私たちの内なる極小の世界の変化がそのまま外側に現れているだけなのです。

あなたという生命存在のフィールドの中では、いつも沢山の光の粒々が波のように動いて、そして砕け散っています。砕け散ったあとには、必ず強力な再編成（新生復活）が起こりますので、本来、何も心配はいらないのです。

これが、死と再生というメビウスの営みであり、このメビウスによって、あなたの全ては常に変化しながら永遠無限に生存できていくのです。

メビウスについてですが、「∞（無限）」の記号の形をしています。この無限というのは「限りが無い」ということですが、限りが無いのは、動き続けるからであり、変化し続けるからです。変化とは、古い編成が壊れ、新しい編成になることです。

私たちは光エネルギーそのものであり、一瞬たりとも同じ波動の存在ではありません。「これが私です」というような完成されたものではなく、堅くガッチリと出来上がったものでもなく、非常に自由なホログラフィックなものです。だからこそ、唯一、自分自身が「私はこうだ」と思っただけで、簡単にそうなってしまいます。

ところが、この極小の世界における「科学的な創造の営み」を知らない方にとっては、肉体が無事に生きていられるかどうかに関して、常に恐怖を感じるわけです。

生命力の高さ、自然治癒力の高さ、適応力の高さは、光の粒々たちによる**「人体の死と再生のメビウス」**が活性化しているかどうかにかかっているのですが、霊性（中心の愛）が高いほど活性化します。そのことをご存知ない方は、カラダに関して常に不安かもしれません。

かつての私もそうでしたが、「今の肉体を失いたくない！」と、しがみつけばつくほど「今の肉体」が「次の肉体」へと新しくなることをジャマしてしまうのです。

私たちは生かされていますが、それは生命の光の粒々が動いて新しく変化しているからであり、光の粒々のおかげで「肉体の再編成」「肉体のよみがえり」が次々と行われていくのです。

ですから、肉体を物質的な固形物だと思い込んだままで、今の肉体に執着することがいかに筋違いなことか、充分に分かって頂けると思います。

よく「宇宙にゆだねなさい」とか、「宇宙を信頼しなさい」などと言いますが、それは目に見える世界のことではなく、現実を創る源になっている「見えない無の世界」のほうです。

そして、あなたはこの「おおもと」の見えない無の世界から生まれ、今も再編成されながら、生かされ続けています。あなたが再編成されることをストップさせたり、拒絶したり、そんなことはウソだと思い込まない限りは……。

なぜ生きる？

「なぜ、私は生まれたのだろう？」「人生には、一体どんな意味があるのだろう」などと、一度も考えたことがない人は存在しないのではないでしょうか？

私も、その疑問の答えが欲しくて、色々な宗教や、哲学、心理学、占術、ヒーリング、スピリチュアル学などを学ばせて頂きましたが、なかなか納得がいきませんでした。

そして、全面的な納得には至らずとも、それに近い入口になってくれたのが、シンプルな量子物理学を通じて、私たちは何者かを教えてくれた先生たちでした。

はるか昔、地上に降りた私たちの魂の意識が、まだ自分の神なる本質を忘却する以前は、この物理的な世界で「理想的な国造り」をすることにワクワクしていて、まるで遊園地の冒険の国や、おとぎの国に来た子供のようにはしゃいでいました。

そして、そのもっと以前に、宇宙創造主から光の魂として生んでもらった瞬間には、どれほどの感動を覚えたことでしょうか！

私たちの根源的な意識の本質は「生命の光のすごさを知りたい」という好奇心です。あらゆる全てがイキイキした生命の光の状態で、お互いに貢献し合って栄えていく、そんな地上界を体験して知っていきたいという好奇心です。

そんな世界に興味があり、それを創造してしまうような「生命の神秘」を無限に知り続けたいから、飽きることなく新しい現実創造をし、肉体を通じて経験するのです。

より栄えていくために、古いものはこっぱみじんに壊しながら、さらに素晴らしい現実を創ろうとします。

ところが、肉体を持ち、肉体の眼を通じてカタチある物を見るようになると、どうしてもお互いが分断されている感覚に陥っていきます。

肉眼で見えるものにばかりに意識がフォーカスされ、見えないもののことは少しずつ忘れていったのです。

そして、皆で共に素晴らしい世界を創るという神意識からズレていき、各自が勝手な価値観や、好き嫌いや、不自然な概念を意識の中に持つようになり、宇宙創造主が意図した理想世界からは程遠いようなエゴイスティックな世界を創り出してしまったのです。

私たちは、自分勝手に創った偽物の現実世界（バーチャル世界）に我を忘れてハマり込み、次第にそのゲームを複雑にしていき、ついには自らの意識が抜け出す術（すべ）さえ忘れてしまったのです。

それが、今のほとんどの人たちの姿です。

しかし、今、ようやく、全ての方々が、真実を思い出す時が来ました。私たちが虚空という宇宙創造の根本意識であったこと、自らの内なる神界を地上界に表現したいという意志そのものであったこと、

そして、実際に様々な創造の働きをする光の粒々でもあったこと、それらを全て思い出すチャンスが来たのです。

「さあ、あなたこそが全てであることを思い出しなさい」

「さあ、いって伝えなさい、あなたは神の子であると」

これらの言葉は、2千年以上も前から言われてきた言葉ですが、未だにこの言葉の真意を理解する人は少ないのです。

これらの言葉は、実は、宗教的でも、情緒的でも、感情的でも、哲学的でもなく、非常に科学的な表現だったのです。

先生のお一人から教えて頂きましたので、お伝えさせて頂きます。

この言葉の真意ですが、まず「あなた」と表現されているところは、人間の姿を指すのではなく、あなたの意識に従おうとする生命の光たちのことなのです。

あなたの意識と光たちの間には分離がなく、意識も光もあなたなのです。

「いって伝えなさい」は、命の光たちに伝達しなさいという意味で、「神の子」は、宇宙創造主の意識の動きである光の粒子(光子)を指しています。

それは生命の粒子のことですが、光子、素粒子、量子、色々な表現があります。この生命の光という究極の創造元素を「神の子」と呼んだのです。

ですから、「なぜ生きる?」の答えを得る前に、絶対に忘れてはならないことがあるのです。

それは、「神の子」である生命への感謝と敬意、呼吸への感謝と敬意です。なぜ、自分が生きているのかと問う前に、**「なぜ、生かされているのか」と問うべきです。**生かされているという事実を忘れてしまった時、何もかもが分からなくなります。

生命への純粋な愛、呼吸への純粋な愛、ここがすっぽ抜けてしまうと、あらゆる叡智や真理が遠ざかり、生かされている意味も分からなくなります。

宇宙創造主の意識が脈々と息付いている、それが私たちの呼吸と生命になっています。呼吸を通じて自らの生命が存在することの素晴らしさ、それを常に実感し、敬意を払って愛して下さい。

自らの生命が持っている底知れぬ神秘の発展力を知り、それを全体繁栄のために使っていくためです。

叡智の旅

叡智の旅を歩む、つまり、スピリチュアルな人生を送るということは、いったいどんなことなのでしょうか？

自らが創造した現実の原因を自分自身の内側に求めていく人生であり、創った現実が「宇宙全体」にとって発展的ではなく、喜ばしいものでない時には、それらを創造し直すことに自らが意識的に関与していく人生のことです。

さらにそれをもっと突き詰めて、現実を創っている自分自身の究極の本質というものが、純粋無垢で、透明で、透き通った「光の存在」であることに気付く人生のことです。

私たちが赤ちゃんのころは、外側に光しか見ることができませんが、少しずつ意識が広がって視野も広がっていくと、近くに来た親の顔ぐらいは見れるようになります。しかし、大人が見るような遠くの山々の景色は分かりません。

生育するにつれ、私たちの意識はどんどん大きくなるのですが、自分を個人としてしか認識できないために、自分の肉体の付近までしか、意識が拡大できていません。

ですから、他の存在たちの魂との融合や、エネルギー交合ができません。自分の意識のテリトリーが非常に小さくて、そのスペースの中には個人的な自分しか受容することができないのです。

しかし、私たちの本質は愛の意識であり、それは全てに好奇心があるということですから、自らの意識のテリトリーを拡大しようとします。意識のテリトリー（スペース）が大きくならないと、新しいものを何も受け入れることができず、新しい体験をすることができません。

知識だけを集めても、私たちの魂の意識は満足しません。

自分が自分の人生において新しいことを経験して知るというワクワク、テリトリーの限界を超えたときのワクワク、このワクワク状態の時には、生命エネルギーが「非常に栄えている状態」で、自分を大きく感じられ、キラキラと全身全霊が輝くような至福感に包まれます。

私たちの意識は、自らの生命の光をどこまでも伸びやかに広げながら、栄える経験を増やしていきたい「意欲」を持っていますから、自然に「自分とは何か」「現実とは何か」「人生とは何か」を知ろうとする方向に導かれていくのです。

本を読んだり、誰かから聞いて知識として知っただけなら、単なる哲学にすぎません。真理として知るためには、自分の経験が必要です。

そして地球は新しい未知を知るという喜ばしい「経験の場」です。

素晴らしい世界を体験して知り続けたいという好奇心を、私たちは本質的に持っています。

「栄えるとは何?」「真の豊かさとは何?」そんな好奇心がもともとありますから、貪欲に知ろうとし、そのために自らが豊かな意識の魂へと進化しようとするのです。

最終的には、素晴らしい現実世界を創造するような自分自身の生命力に最も好奇心が湧き「生命の光である自分とは、いったいどういうことか」を知りたくて、叡智の旅の道を歩み始めるようになります。今まで知らなかった自分自身を、新しい経験を通じて知っていこうとするのです。


あなたが、もし、漠然とした不安が常につきまとう感じがあるなら、その本当の原因は、今ここに肉体として人生を生きてはいても、「何をしている旅だったのか」がハッキリと分かっていないからです。

全ての人が、スピリチュアルな叡智の旅をしている旅人である。この普遍的な認識がすっぽ抜けていると、全身全霊がぐらついてしまい、どっちでもいいような社会的な価値観にすがって生きるしかなくなるのです。マネー獲得ゲームや、恋愛ゲームや、ギャンブルにすがるか、社会的な幸福モデルに自分をあてはめて生きることで、自分の魂の叫びをごまかすのです。

しかし、私たちは愛の意識であり、豊かさを創造する意識の光(魂の光)であることを思い出し、私たち全員がいかに偉大であるのかを知っていくという喜びは、何ものにも代えがたい歓喜です。


単なる至福や満足感だけが目的ならば、私たちはこの地上界には降りて来ませんでした。叡智の旅を続けながら、共に栄える世界を創造するという、そのプロセスが嬉しくて、面白くて、今ここに生かされています。

叡智の旅人としての達人になるためにも、無駄なことにエネルギーを割かないことです。特に、「こうなるとイヤだなあ」という妄想にハマっていくことは、生命エネルギーのむだづかいであり、叡智の旅から大きく外れます。

叡智の旅とは、あなた自身である魂が最初から持っている神システムを徹底的に知っていく旅でもあり、それを駆使しながら、国造りを実現していく旅といえます。

神システムとは、宇宙創造主が思い描く「皆で調和して栄える世界」のイメージを、そのまま物理次元におろして具現化するためのシステムのことです。これが、死と再生のメビウスシステムであり、理想社会を創造するための神システムです。

虚空＆ゼロポイント

色々な物事には必ず「中心」というものがあります。そして、この中心こそが、色々な物事を創り出す要であり、大元（おおもと）になっているのです。

色々なお話を書かせて頂く前に、あらゆる全ての創造の中心であり、全ての生命の大元である「虚空」に関して、簡単にお伝えしようと思います。と言いますのも、私たちにとって虚空は欠かすことができない密接な関係にあり、私たち全員の母胎であり、ルーツだからです。そして、今もなお宇宙の全てを生み出し続けている愛の中心だからです。

この虚空の話を抜きにしては、科学やスピリチュアルを語ることができません。

もし、あなたが、別の次元から地球にやって来た記憶があるとしても、あるいは、「私は○○星から地球に来たような気がする」と感じているとしても、あなたは必ず虚空（ゼロ）を経由して地球に来ています。虚空は全次元のジャンクションであり、ちょうど真空のタイムトンネルのような次元です。

ですから、あなたがハッキリと覚えているかどうかは別として、あなたは必ず虚空の意欲をチャージされた魂として地球に生まれてきています。あなたが今の地球に存在しているのは、そのチャージされた意志を全うするためです。チャージされた意志が何であるかをお話しする前に、虚空についての基本的なことを書かせて頂きます。

一切のあらゆる全てが生じる前、まだ、宇宙に何も創造されていなかった頃、大いなる宇宙空間は虚空と呼ばれる状態にあり、広大な無限の空間の場だけが広がっていました。

虚空には限界がなく、限界がないから決まった大きさも深さもなく、固定したカタチは全くありませんでした。虚空を満たしていたのは万能の光だけだったのです。

宇宙ビッグバンを起こす前の虚空は、何も方向性を持っていませんでした。方向性が与えられていないので、光は動きません。動かない光がイキイキと輝くことはなく、虚空はまるで純粋な闇のように見えたことでしょう。

光は常にスタンバイして、目的と方向性の指令を待っていたわけですが、虚空が「全てよ、栄えあれ！　弥栄であれ！」と意気込んだ瞬間、ビッグバンが起こりました。

虚空の願い、決意、意欲（イノリ）が光への指令となって、宇宙の中心からダーっと無限大に広がったわけです。実は、この時に「神界」という場が開いているのです。虚空という不動の意識があり、そこから虚空の動的な要素として光の神界が開いたのです。

神界とは、虚空の中に秘められていた「理想的世界のモデル」です。

虚空の意志は「弥栄であれ！」のひと言に集約されており、神界のよろこびごと（弥栄）を地上界に降ろして現していくことにあるのです。

決して、阿鼻叫喚の地獄を創りたかったわけではなく、地上天国を創ろうとしたのです。地上天国とは、あらゆる生命の息吹きがあふれかえっている世界です。よろこびごとがいっぱいの世界です。その虚空の意気込みは、私たちの魂にもチャージされています。

虚空の強い意気込み（イノリ）によって、神界の氣の光（霊光）には息吹きが与えられ、その光は様々な作用をする神々として動き出し、イキイキと輝きを放ちながら、万物万我を結実させることになっていったのです。

虚空の中心にあるのは、この弥栄発展の世界を創造する意志のみです。最強の意欲です。

虚空の弥栄の意志が湧き出して放たれるポイント（意欲の放出点）のことを、ゼロポイントと呼んでいます。ゼロポイントは、虚空の決意点です。「あらゆる生命たちが栄えるために、何でもするぞ」という愛の意気込みが生じるポイントです。このゼロポイントは、宇宙のビッグバンと同時に、またたく間に無数に増殖していったのです。

言い方を変えれば、虚空というのは、弥栄の意気込みを放出するためのゼロポイントが無限大に広がっているフィールドということです。そして、このフィールドから神界や地上界が出現していくのです。

西洋でも創造主が天と地（＝神界と地上界）を出現させたと、同じことが言われています。

神界や地球やあなたを生み出した虚空は、ただ生み出すだけでなく、生み出した全てを変容させる場にもなっています。古いものが壊れて、新しいものへ移行するための場です。虚空は、創造の源であるだけでなく、死からの再生という「復活の場」にもなっています。ここまでのことをちゃんと理解している方は少ないようです。

ただし、虚空が全てを生み出す母胎であり、全てを復活再生させる場であったとしても、支離滅裂でメチャクチャなものを生み出すことがないよう、全ての発展創造を束ねるものが必要でした。それが神界の掟とも言える「和合・全体調和」なのです。

虚空のビッグバンによって出現した**「神界」の氣を「地上界」へと合一させていくこと**、そして、喜びの氣によって作動する錬金術システムを地上界に結びつけて、生命のさらなる発展を具現化していくこと、それが虚空の意欲であり、今ここに生かされている私たちの志事（しごと）でもあるのです。

今の私たちは、肉体の形態を授かっていますが、肉体よりも先に、光の魂として誕生させられ、その魂の光によって肉体が創られていくのです。

私たちの魂は、決して個人だけの力で勝手に生まれたのではなく、個を超えた虚空の意志（天意）によって創り出されたことがお分かりになったと思います。

私たちが自らの内側に向かって、潜在意識・無意識・集合意識などをずんずん超えながら、もっと深く奥へと入っていくと、そこには純粋な安心感や光パワーが満ちあふれている空間があります。

それが各自の「内なる神界」であり、各自の純粋な魂の意識場になっています。

ところで、虚空は宇宙創造主ですが、創造と聞くと、物理世界ではカタチを創り出すようなイメージがないでしょうか？　もちろん、その意味も含みますが、創造の根本的な意味は「命の光を吹き込む」ことを言うのです。そして、命の光が吹き込まれるための「場」が無ければ、生命存在は一時たりとも生きていることもできませんし、ましてや伸びて栄えていくことなど不可能です。

創造とは、あらゆる全てに宇宙の光が吹き込まれることであり、宇宙大生命の愛の光が吹き込まれることによって成される奇跡の御業（みわざ）のことです。

スピリチュアルとは、虚空の意識活動のこと

スピリチュアルという表現が、見えない世界のことだとか、サイキックな特殊能力を養うことだとか、個人的な願望実現のことだとか、愛のことだとか、神仏や守護霊を霊視することだとか、覚醒して悟ることだとか、DNA活性だとか、色々な解釈が出回ってしまいました。

実にたくさんのスピリチュアルもどきの亜流が増え、見えない世界のことなら何でもスピリチュアルだという「くくり」になっています。

しかし、スピリチュアルに関しまして、その普遍的な究極の真理を一言で言うならば、虚空の意識活動のことなのです。

人類をはじめとして、あらゆる全ての**「弥栄発展」と「神業成就（神化）」をイノリとするような意識活動、それをスピリチュアルと申します。**

そして、スピリチュアルな人生とは、自らの内側にある神秘の創造システムに、繊細な気付きと共に関与している人生と言えます。

虚空の意識の範囲は無限大であり、その意識活動は永遠生命を持っていますから、虚空のイノリは死滅も絶滅もできません。ですから、不死鳥（火の鳥）としても象徴できると思います。

私たちも虚空と同じ意識を魂の中に頂いていますが、私たちの魂が弥栄発展と神業成就（神化）のための意識活動をしなくなると、意識は眠ります。意識が眠ると、催眠術にかかりやすくなり、

弥栄発展や神化とは逆の人工的な概念や考え方がインプラントされていきます。依存するようなクセがある方、不安が強い方は、魂の意識が眠ったままになっています。創造する神魂としての尊厳を忘れたまま、人間エゴという夢を見続けているのです。

ですから、今のこのパンデミックは、そんな方々への目覚ましコールなのです。


私たちは、個別の肉体を授かったことによって、大いなるひとつの意識までもが個別の感覚になり、狭い視野の偏った意識だけになってしまい、偏った現実を創ってきました。

もともと、虚空には全ての豊穣が畳み込まれていますから、何も不足がなく、したがって、不安もありません。愛と豊かさいっぱいの完全な意識です。

私たちが、この大いなる虚空といかに重なって（合一して）生きているかどうか、そこが大安心と恐怖感との分岐点になります。

人間エゴの感情である孤立感や寂しさも、大いなる虚空と重なっていないことから起こる「分断感覚」にすぎません。

私たちの心底には、何か大切なものを忘れている感覚、喪失した感覚（不足感）があると思いませんか？　その理由も、虚空の意識活動と重なることを忘れたからです。


地球が創られて以来、およそ46億年ぶりの、いまだかつてない「自己忘却からの目覚めの瞬間」を迎えている人類です。

そして、スピリチュアル（虚空の意識活動）と真の科学はイコールです。つまり、意識活動と量子物理学は密接な関係があり、「ひとつ」の原理で解明できます。

それは、この世界にも、あの世界にも、物質は存在しないという原理です。全てが光の躍動から創られている以上、本当の意味での物質など存在していません。

リアルに実存しているのは、私たちの意識活動であり、意識の光の投影だけであるという原理で解明できます。

純粋な光のレベル、素粒子レベルでは、素粒子の粒々は常にフリーであるため、常に不安定であり、**私たちの意識が関与しないならば、具体的なカタチをとることができません。**

「意識の関与」とは、私たちの意識が向けられている状態のことですが、あなたの意識が強くフォーカスしない物事は現実化されないまま、光の粒々のままです。

たとえば、あなたが外出して自宅を出てしまうと、あなたの意識は自宅にフォーカスしなくなります。その時は、自宅は粒々になっていて、カタチはなくなっているのです。

あなたが帰宅の途につきながら、「もうすぐ家だ」と意識すると、自宅がカタチとなって出現する仕組みです。

あなたの人生では、現実が起こるよりも、実際の出来事の空間が開くよりも、あなたの「意識活動」のほうが先にあるのです。

私たちは、自分が信じるものを観る

目には見えない世界のことを、なかなか人は信じることができません。見えたものしか信じられないのです。そして、その見えた現実を、いったい「何が創っているのか」という原理を知ろうともしません。ただ、現実を見て「どうしよう?」と右往左往するばかりです。

実際に見える現実しか信じない人は、見えない意識が「投影」されるおかげで実際の現実が創られるという事実を、なかなか理解しにくいと思います。

しかし、ありがたいことに、現実創造のシステムというような、一般人には全く不可解だった漠然とした世界が、量子物理学によって、かなり明確に解明されてきているのです。量子・光子・素粒子と呼ばれる「光」が、全ての創造の元素になっており、その光を動かしているのが、私たちの意識だと分かってきたのです。

私たちは皆、その本質において、創造をする意識であり、同時に生命の光そのものですが、**自分が信じて意識したものを自分が創っており、それを自分が観察する**というシステムになっているのです。

したがって、あなたを恐がらせているのはあなた自身であり、あなたを制限して不自由にしているのもあなた自身です。

量子ミクロの世界（神界・神世）では、自分が見ようとする「対象」は、必ず見る側の影響を受けると分かってきています。つまり、あなたが見ようとする現実空間（対象）は、あなたの影響を受けるのです。
あなたが、今の現実空間に対して「どんな意識」で見ているのか、どんな思いで見ているのか、その影響がもろに出るのです
「今月も売り上げが足りなかったらどうしよう？ 困るなあ」というような強い恐怖を持って見ていると、その波動が、実際に売り上げが足りなくて困るという現実を創ります。そして、実際に体感することになります。
気に入らない出来事や、気に入らない人物が目の前に現れたとしたら、それはあなたの意識の光が創り出した、あなたの世界にのみ存在するものであり、宇宙本来の実体ではありません。

物理的な現実は、見る人の数だけ存在します。これが平行宇宙（パラレルワールド）と言われるものです。同じ物理世界に住んでいながら、不幸な現実を創っている人もいれば、幸せでたまらない現実を創っている人もいますが、この違いは、**自分が信じているものが別々だからです。**

あなたが見ている現実空間は、あなたの認識が描き出した「投影」であることを忘れないで下さい。

あなたの目の前に出現した現実空間は、どの時点の現実であっても、その元素は光そのものです。大いなる宇宙生命の光が、あなたの信じている通りに姿カタチを変えながら、現れているだけです。

あなたを困らせようとしている光など、宇宙のどこにもありません。あなたを苦しめようとする

現実など、どこにもないのです。あなたが自分で自分を苦しめるような考えを持たない限りは……。

物理世界は、私たち各自がそれぞれ「信じたもの」を見る世界です。あなたの意識の中身、あなたの決め付けや観念が、あなたの世界を創っています。私たちは創造する意識であり、意識の光そのものです。

「いえ、私はこんな現実を望んだことなど記憶にございません」と反論しても、それは記憶にのぼってこないだけであり、**無意識層にしまい込んだ「過去の観念」は、あなたが気付いて削除しない限り、どの瞬間でもあなたの現実を（隠れて）創り続けています。**あなたが生きている限り、あなたの現実創造は、無意識のうちに「永遠に」続いていきます。

ですから、無意識層にまで深く意識の光を当てていくことが求められます。

それが意識の浄化ヒーリングなのです。

「時」とは何か

ほとんどの人が、年月の流れ、つまり「時」の流れを、直線的に連続したものとして考えています。「人は、どこから来てどこへ行くのか？」という質問自体が、時とか年月を一本道の直線のように考えるからではないでしょうか。

しかし、「時」の流れは直線的につながって連続しているものではなく、一瞬一瞬が**ぶつ切りカット（一コマ一コマの波）**で「今」として生み出されているものなのです。時とは「たった今」のことを言うのです。

たった今という「時」が、直線的に一定方向に流れているものではない、これは量子物理学でも証明されています。

一枚一枚のパラパラ漫画をすごく速く動かすと、まるで何も途切れていない動画のように見えてしまうのと同じです。

人間の目はせいぜい一秒間に60コマくらいしか見えず、トンボは200コマも見えるので、もしかするとトンボのほうが「時」の変遷（へんせん）をぶつ切りカットの波だと分かっているかもしれません。

そういうわけで、「たった今」の空間は、ついさっきの「今」とは何もつながっていません。「同じものが同じままで固定していては生存できない」という自然法則のとおりに「時」の空間も次々と変化しまくるのです。

今、今、今、というように、超高速で全く別の瞬間、別々の今（別々の時）の空間が創り出されています。**ですから、たった今の「意志」が最も大事であり、最も最強であり、たった今の意志によって、ブツ切りの次の今（次の時）を創り出します。**

あなたは「時」とか「時間」という言葉を聞くと、反射的に何を思い浮かべますか。数字ですか？

あるいは時計の画像ですか？

時刻を表す表面的な数字のことを時だと思い込んでいるのではないでしょうか。しかし、時とは数字のことではないのです。**時計の「数字」が無かった時代から、すでに「時」はあったのです。**「豊かなひと時だった」「あの時は辛かった」とか、「その時その時で考えよう」とか、そういう表現には数字が入っていません。

実は、時というのは、光で埋めつくされた富裕な「空間」の場のことです。そして、私たちは、それぞれ全く異なる「時」（異なる空間）を体験しながら生きています。

「素晴らしいひとときだった」と思えたなら、素晴らしい空間（場）があったということですし、「その時その時で考えよう」とは、その場その場で考えようということです。

宇宙がビッグバンした時、精密に言いますと、時よりも先に「空間」が創られました。私たちが色々な経験をするために物理的な空間が宇宙から生み出され、次にまた別の新しい空間が宇宙から一瞬一瞬生み出されていきます。今、今、今なのです。

この一瞬一瞬に生み出される色々な「今の空間」を、私たちがちゃんと味わって体験する、そのことを「時が存在した」と言うのです。ちゃんと経験されなかった空間には、「時があった」とは言えないのです。

ですから、どんなに巨万の富でいっぱいの、あるいは優雅な氣でいっぱいの「空間」が用意されていても、あなたがそれをちゃんと味わっていないなら「豊かな時があった」とは言えません。

時計の針が示す時刻は生きていません。単なる数字であり、便利な記号でしかありませんが、**空間は生きており、常に入れ替わって、「今」「今」「今」というように新しくなっています。**

そして、私たちが今ここに無事に存在していられるのは、このような光の空間（生命の空間）という場が生み出されて、その空間の中に私たちが「組み込まれている」からです。

生命の意志は「弥栄創造」

私たちの生命とは、宇宙がビッグバンした時に生じた光のことです。宇宙大生命の光です。そして、この光は霊的な創造の光であり、叡智の働きをする神といえます。

したがって、ビッグバンによる天地創造や、神々による国生みというものを、歴史上の単なる史実だと考えたり、神というものを大昔の存在だとか、自分たちとはかけ離れた崇拝するしかない存在としてみなすべきではないのです。

虚空の手足ともいえる光エネルギーによる天地創造は、今この瞬間においても、そして今後においても、永遠無限に「弥（いや）栄えるぞ！」という意気込みをもって、世界を世界たらしめている宇宙根本精神となっています。私たちは、この虚空の意気込みをチャージされた魂として地上に存在しています。

誰もが多少は耳にしたことのあるイザナギとイザナミの二柱の神は、人型をした生命体を指すのではなく、まさに宇宙大生命が光の柱となって地上に降りていることを申しています。宇宙大生命とは、弥栄発展に向かおうとする意気込みでいっぱいの光エネルギーのことです。

この感謝すべき貴重な意気込みは、天地万物を延々と生み出し続けていこうとする虚空の愛の意気込みであり、そのありがたみを忘れないために「神名」を付けて尊んでいるわけです。そして、この意気込みは、今の私たちの全身全霊を永遠に貫いていくのです。

二柱の神名に共通している「イザ！」ですが、互いに手をひき、ひかれ合いながら進もうとする意気込みのことであり、福徳円満で、ありがたく思う意気込みのことです。

イザの次の「ナ」とは「汝」のことで、なつかしく愛おしむところに用いる表現です。お互いに和合し、調和し、補足しつつ進もうとする意気込みをイザナギとイザナミという神名で申しています。私たちの一挙一動は、イザナギとイザナミの意気込みの現れであり、無限に永久に弥栄創造を行おうとする本質の現れです。


あらゆる創造は、「死と再生」つまり、「新生と崩壊」の働きが表裏一体で調和しながら起こるのですが、イザナギは新生復活という働きの側面を表現している神名であり、イザナミは死（崩壊）の働きを表現している神名です。

したがって、イザナギとイザナミは古い大昔のことではなく、学問上や理論上の神話でもなく、たった今この瞬間の、現実創造に対する「光の意気込み」のことを申しています。

たとえ、「天地創造」が過去に起きた歴史的事実であるとしても、大切なことは、「たった今」も普遍的に通用する事実かどうかです。

この二柱の神は、宇宙大生命の力として、万物万我の内側に流れ込んで生きている命であり、呼吸の輝きです。すなわち、私たち人類の一挙一動は、イザナギとイザナミの「たった今の現れ」なのです。くどいようですが、イザナギとイザナミの伝説は、今ここのお話であり、今後の全てを含めた今この瞬間のことなのです。

私たちだけでなく、宇宙中の全ての生命存在が「発展欲求の意気込み」を分配されて生まれており、もれなく同じ意気込みを頂いているのです。**命の本質は、どこまでも生きて活きて、とどまることがない意気込みそのものです。「この辺で、そろそろ死んでしまおう」などと、つゆほども思っていないのです。**

家を建てることを例にあげますと、それも宇宙の大生命の意気込みの現れであり、その人の肉体を通じて外側に現したものに過ぎません。

同じ宇宙大生命が通い合っているからこそ、私たちは星に対し、山川草木に対し、海に対し、なつかしく愛おしく思い、それらを観ては「素晴らしい！」と感動し、「もっと素晴らしくあれ。もっと美しくあれ」と願うのです。花が笑っているなどと、植物の心までを推し量り、粗末には扱いません。

あらゆる天地万物を愛おしく思う魂や、生命体の全てに敬意を払う気持ちが忘れられてしまうならば、もはや私たちは天地に沿って生きることができません。

「できる限り、いつまでもイキイキと生きていたい」と思うことは、つまり、天地万物と離れたくないということと同じです。生きとし生けるもの全てが貴重で愛おしいものなのです。

「限りある生命に執着するな」とおっしゃる人もおりますが、それこそ、宇宙創造の神々や、生命の光に対するエゴイスティックな暴言であると言えます。

生命の光への敬意と祝福

ほとんどの方が、命というものについて、実際のところ何もわかっていないのです。かくいう私も、長い間、命は単なる馬力でしかないと思い込んでいました。カラダを動かすために必要な単なるエネルギーでしかないと思っていました。

生命の光というものが、創造主の魂の流れであり、天の意識の流れであり、人知を超えた「創造の光」であるなどとは、知る由もありませんでした。

私たちは、皆、この純粋無垢な光から生み出された存在だということを深く認識し、この最高の光を全身全霊で祝福するならば、光はますます潜在的な叡智を放つようになり、生命が持つ色々な力は、天井知らずになってしまうでしょう。病などすぐに治してしまうほどに。

さらに生命というものを突き詰めていくと、「アイ」そのものであることが分かってきます。生命とは、「アイ」の光の流動なのです。

「アイ」は、宇宙に生み出された私たちを、この上なく素晴らしい存在として認め、どうぞ活躍して下さいと願っているからこそ、「アイ」を全員に流し続けてくれています。

「どんなに悪人でも？」という皮肉を言いたくなるかもしれませんが、そもそも「アイ」には「悪」という概念がありません。もともとは全員が素晴らしい存在として生み出されているから、アイの光は誰にでも届けられていくのです。つまり、私たちのカラダは、「アイ」という**「生命の光」の伝導体と**いうことです。

ところが、そんな事実を誰からも教えてもらうチャンスに恵まれなかった方々は、「アイ」の光をもらっていることに気が付きません。「アイの光は、自分には届いていない」と無意識に思い込んでいますから、「アイ」の流れが非常に少なくなってしまいます。そうなると、他者から奪い取りたくなり、「愛してほしい」と欲求し続けることになります。

もし、「アイ」の光が少ないと感じる方は、天の中心に意識をつなぎ、中心から授かることができます。そして、「アイ」の光を天から授かりながら、それを地上全体へと伝導し続けることができます。

生命の「アイ」は静止することがありません。一瞬ですら、どこかで立ち止まることはなく、休息もしません。生命の「アイ」は未来永劫に向かって永遠に進み動くのです。生命の流れは、いまだ起こったことのない未知の経験に対して大いに開いています。

ところが、私たちの中に流れてくる思考や雑念は、生命を持っているわけではないので、私たちが気にしなければ、虚空の中に消えていきます。

生命の「アイ」は、常に動くからこそ一瞬一瞬において変化し、変転し、絶え間なく変容復活をし続けます。**新生復活するから、永遠に不滅なのです。生命の本質は絶え間ない復活です。**

「アイ」の光である生命は、私たちの体内だけでなく、まわりの空間にも満ち満ちています。体内であれ、体外であれ、その空間は、まさに生命の海原です。特に広大な自然空間には生命の光が躍動しており、至福を感じさせてくれます。

つまり、**生きているようには見えない「空間」は、実際に生命の光として生きているのであり、絶え間なく変容復活をし続けているわけです。**

「空間」が常に進化発展しているということは、私たちの「現実」が常に繁栄していることを示しているのです。

「生きた空間」の深部には、最高の霊的な要素（叡智）が秘められており、あなたが空白の空間に意識を合わせ続けていると、空間の叡智が何かを伝えてくることをメッセージとして聞けるようになります。

私たちにもれなく届けられる生命の流れ、「アイ」の光の流れ、その神秘の営み対する敬意と祝福が、私たちにはほとんど無かったのではないでしょうか。今こそ、生命に対する見方を変え、宇宙生命の神秘と深さに対して敬意と祝福を感じて下さい。

あなたがご自分の「現実空間」をもっと素晴らしくしていきたいと思うなら、生命への感謝、祝福を感じ続けていきましょう。

私たちの生命に対してだけでなく、生きとし生ける全ての生命に対しても敬意と祝福を感じていくならば、地上の現実空間は、生命の息吹きが咲き誇るような理想郷（神界）になることでしょう。

第2章

お互いを祝い合う神秘の「交合システム」

魂とは？　神とは？

ふだんの私たちは、世間に対応するための「性格」「理性」「知性」というような衣を十二単のようにまとっていますが、そのずっと奥の心底の中核には、この上なく爽やかで澄み切った美しい創造の魂が存在しています。これが真の私たちであり、真我とか神我とも呼ばれています。

私たちの意識がこの魂にまで行きついて、この魂と完全一致するとき、万物の根源ともいえる「虚空の意志」と同じところに到達できるのです。

魂は、最初のビッグバンによって虚空から分配されたものですが、純粋な光でできた沢山の分魂であり、まるで光のツブが集合した薄皮のようなものです。

私たちは皆、この光の分魂を「賜って」いますので、たまわりし光であり、これが「たましひ」という表現になりました。

たまわる（賜る）とは「魂割る」から由来している表現で、まさに虚空の魂を割って授かっていることを意味しています。

今の私たちが賜っている魂には、万物創成と発展のための「偉大なる叡智」が含まれています。

魂に内包されている目には見えない偉大な叡智が、実に神秘的な働き・作用をするのですが、先人たちはそれを「神」と呼んで敬ってきたのです。

ですから、「神」とは三次元的な姿カタチのことではなく、姿カタチの背後で目に触れることなく働いている大生命の光のことなのです。

稲森和夫氏も、著書『心』の中で次のように述べられています。表現が的確で素晴らしいので、一部を抜粋して引用させて頂きます。

『宇宙の心とは、宇宙を形づくってきた「大いなる意志」といいかえてもよいでしょう。宇宙には、すべてのものを幸せに導き、とどまることなく成長発展させようとする意志が働いています。宇宙の原初から生成発展の歴史をひもとけば、そのことがよく分かります。そもそも一握りの素粒子しかなかった宇宙は、ビッグバンを契機に原子をつくり、原子はやがて結合して分子を生み出しました。さらに分子どうしが結びついて高分子にDNAがトラップされて生物ができ、高等生物にまで進化を重ねてきました。素粒子の塊のままでもよかったはずですし、生物が誕生しても原子生物のままで何ら問題はなかったはずです。しかし、宇宙はそれをよしとしません。あらゆるものがとどまることなく、あまねくよい方向に向かって進化し、発展を遂げていく』と……。

あらためて、魂とは何を意味するのかを述べてまいりますが、アリストテレスは、全ての生物に「発展進化の衝動」を与えるものと定義しました。

外部の力によってしか動かされないものは、魂を持っていないということです。

生命を持つものは、自らに備わった「発展進化の衝動」によって動かされていきますが、それは自らの力で自己再生が可能であることを意味します。

この進化への衝動こそが魂の本質であり、私たちの中に内在する神聖な火花であり、どこまでも生きて栄えて進化していこうとする意志パワーです。もちろん、この意志パワーは、宇宙創造主の意志と直結しているギフトなのです。

人という存在は神のカタチに似せて創造されたと言いますが、外面的な姿において似ているという意味ではなく、「神性・霊性」を持たされていることを言っているのです。私たち全員が、意識の中心である魂に、神聖な生きる意志とパワーを備えているのです。

神聖な意志の基本になっているのは、「地上界がまさに神界となって発展進化しますように」という願いであり、その道を歩み続けるぞという決意です。


魂とは、私たちの意識の源であり、生命の源になっている光の集合フィールドです。

「真の私たち」のことです。

真の私たちである魂は、善と悪、徳と不徳、正と邪などの二極に片寄ることなく、二極を超えてしまっています。全ての二分割、矛盾、二元対立を超えています。全てを超えていながら、全てを含んで豊かに生き、あらゆる二極化を内包した大きな愛で生きています。

したがって、私たちが何かを真剣に考えることや、純粋に意志することや、言動することの根本になっているのは、個人的な肉体・感情・思考からではなく、最も内奥にある霊的な「真の私たち」でなくてはならないのです。

この真の私たちである魂は、大いなる虚空の神界につながっています。虚空からは意志パワーが放出されており、その意志パワーが多種多様な創造の働きをしていきますが、その働きのことを「神」と呼びます。

ですから、「個人が」何かを思考したり、意志したり、言動しているわけではなく、あらゆる創造の営みは、「神々が」「個人の肉体を通じて」成していらっしゃるわけです。

交合（和合）が魂の道

虚空は素晴らしい神界のよろこびごとを地上に築くために、すでに自らの中にあった神システム、つまり二極交合による錬金術システムをビッグバンによって稼働させていきました。**「二つであるもの」を交合させる働きは、虚空が覚醒する前からすでに虚空の中に畳み込まれていた「神界のメビウスシステム」だったのです。**

なぜ、虚空の中に「二つであるもの」が用意されていたのかといいますと、異なる二つを掛け合わせて融合させることで、最初の二つを超えるものが創造でき、次々と「前のもの以上」に発展変容したものを生み出すことができるからです。

素粒子と素粒子、原子と原子の出会いも、電子が原子核の周囲を回るのも、愛の一種であり、交合です。それが神界のシステムです。

したがって、今の宇宙全体が本質的に「陰陽」の二つから成り立っており、小宇宙である私たちも「陰陽」の二極を持った存在であるため、この二つがバランスよく交合（和合）することで、生命存在の新陳代謝が活発になり、発展的に変化していけるのです。

あらゆる発展的な現象の背後には、虚空の意志に沿った繊細な「交合の働き」が隠されています。

まさに、神秘の交合システムです。メビウスの輪です。

大宇宙の理法、森羅万象の発展繁栄の理法、それが交合（和合）の働きであり、「陰陽合一」のことなのです。ただし、変容錬金術のための交合の働きは、カクテルのブレンドなどとは異なり、ただ二つを混ぜ合わせればいいというものではありません。

お互いを「祝い合う」ことによる化学反応が不可欠だということを忘れてはならないのです。

交合の働きとは、陰と陽とが（自と他が）互いの素晴らしさを祝福し合って、ひとつの意志に「結び合う」ことなのですから。

このような交合の次元、結びの和合次元を生きることができるような柔軟性を、私たちの魂はもともと持っています。この柔軟性こそが「真の強さ」です。


個人的な人格や心は、過去からの集積でつくられていますが、その個人を中心にしたままで今後もずっと生き続けていきますと、人格エゴが肥大化するばかりです。ますます頑固になっていくのです。それは、柔軟性や臨機応変という「真の強さ」がドンドン消えることを意味します。

そんな人間エゴという邪道を各自が貫き通すならば、そこには交合（和合）の働きは起こりません。交合が起きないならば、他者を活かし、全体を活かし、弥栄発展を現象化することがむずかしくなります。

山田A子、伊藤B郎、モーツァルトというような存在たちが、どんなに立派で素晴らしい人格・性格であったとしても、その個人的な枠（限界）を超えていき、広大な虚空の愛の視点から物事を見て、その視点から言動して生きることがスピリチュアルな道であり、神魂の道なのです。神魂の道（叡智の旅）を歩むことを忘れた人間エゴによる近代化は、もうすでに終焉に向かっています。これ以上の発展繁栄は、神魂の道へ戻って、和合し交合する働きを取り戻す以外には望めず、そうでなければ共倒れの道が待っているだけです。

あらゆる宇宙創造と弥栄現象の背後にある交合の働きは、**古代の賢者たちが秘密口伝として隠しながらも世に残そうとした太古の叡智です**。

その太古の叡智は、生命の力に対する深い認識と敬意あってのことでした。

私たちを貫く生命力が、光という神であることを、太古の賢者たちは深く理解していましたし、その生命力がいかに偉大な「交合の働き」「結び」をし、あらゆる全てを新しく創造し続けるのかを理解できていたのです。

交合の働きとは、二つを一つに結ぶ愛の作用です。これは全ての魂の本質ですから、和魂（にぎみたま）とも言います。まるで逆のように見えるものや、相反する方向性の働きを、大いなるひとつに交合（和合）させることです。この叡智を西洋では「錬金術」と呼んでいました。

しかし、方向性が異なるものをどうやって交合させるのでしょうか？

それは、相反する働き同士が祝福し合うことによって、です。お互いが「素晴らしい存在だね」と、ほめたたえ合うことによってです。

たとえば、生（創造）をほめたたえるだけでなく、死（崩壊）もほめたたえることによってです。魂を素晴らしい「永遠のもの」として祝福するだけでなく、肉体も素晴らしい「永遠のもの」として祝福することによってです。

見えない世界を尊ぶだけでなく、見える世界も尊ぶことです。男性性（積極性）を愛するだけでなく、女性性（ゆるしの受容性）も愛することです。自だけでなく他も愛することです。

自分と他者という全く相反するものにおいての優劣をなくし、等しく祝福することで、交合の働きが促進されるのです。

「まこと」とはイノリのこと

繁栄と進化成長は、虚空の神界が「最も望むこと」であり、私たちが今ここに存在し、言動していくことの中核的な要素になっています。それを「まこと」と申します。

どんな生命存在の「真ん中」にも、どんな物事の「真ん中」にも、必ずそれらを創って成り立たせようとする虚空の意気込みがあります。それは人智を超えた偉大なる意志ですが、その真ん中の意志が「まこと」なのです。

しかも、ただ成り立たせようとするだけでなく、さらに素晴らしく、もっと栄えさせようとする弥栄発展の意志として機能しています。

この虚空の意志が、宇宙の根本精神なのです。この究極の意志である「まこと」が無ければ、何ひとつとしてこの世に展開することができません。

そして、**虚空の意気込みがハッキリと指令（宣言）されることを「イノリ」と申します。**宇宙のどこを探しても、イノリ以上の「まこと」は無いのです。

イノリは、虚空の大歓喜（エクスタシー）がベースになっていますが、「真ん中」「まこと」のイノリが「実る」ことを、真実と言います。

弥栄の指令（イノリ）である「まこと」が発動されて以降、光はその永遠無限性を発揮しながら、あらゆる全てとなって新生復活し続けています。私たちの一切合切も、常に生まれつつあり、決して止まることなく発展成長しつつあるのです。

宇宙も、神々も、森羅万象の全てが常に生まれつつあります。

一定のままで現状維持する宇宙や現実など、どこにもないのです。常に栄えつつ、進化しつつ、限りなく生まれに生まれていくのです。

虚空のイノリが真っ先にあったからこそ、そのおかげで生命の光が発生できたのです。永遠無限の不老不死の大生命です。絶対に消滅することのない生命であり、並外れた生命力であり、根源的には「ひとつ」になっている大生命です。

神の国とか、天国とか、エデンの園とか、霊界とか、神界（高天原（たかまのはら））とか申しますが、それはすなわち「宇宙大生命の世界」ということであって、どこか別の遠いところにある夢の国ではありませんし、おとぎ話の世界でもありません。特定の地理的で物理的な場所のことでもないのです。躍動しているこの宇宙大生命が、常に新しくイキイキと輝きながら、どこまでも躍進してやまない波動領域のことを「神界」「天界」と申しているのです。

「神界」とは、宇宙生成の根本的な理想と秩序がある世界のことです。何も恐れることなく、ひねくれることなく、疑心暗鬼に陥ることなく、ただイキイキとした「弥栄への意欲」が明るく輝いている世界のことです。

素直にまっすぐに、すくすくと成長繁栄することを意志して、「実践」しつつある世界のことであり、天の秩序（和合）や自然の秩序のままに沿って動く世界のことです。

人間による人工的で作為的な「やりくり」と「からくり」を超越している世界のことです。

人生の全てを意のままにする力

人生の全てを意のままにする力、そんなものが本当にあったなら、ぜひそれを手にしてみたいと思いませんか？　私も、深いスピリチュアルな学びに入る前は、それを求めていましたが、今思えば、まるっきりエゴの願望でした。

しかし、人生の全てを意のままにする力は、意外なところに隠されていたのです。誰もが当たり前すぎて気付かない宝の力、それは何と「生命力」です。え？　ガッカリされましたか？

それは、生命力がどういう神秘なのかをご存知ないからです。生命力そのものが「深い愛」であり、「無限の創造力」を持っていることさえ、理解しておられません。

この神秘の生命力は、宇宙の光から出来ており、別の言い方をすると「神々の光」です。しかし、ほとんどの方々は生命力のことを単なる馬力としか考えておらず、生命力がいかに神としての叡智を持っているのか、いかに万物全てを育んで発展繁栄させる愛の力なのかを全く知りません。普遍的で絶対的な真理を知らないために、何もかもが一般常識の中でしか理解できていないのです。

「生命の力が、人生の全てを意のままにする力」と最初に書きましたが、これを勝手な解釈で読んでしまいますと、自分個人の「意」のままにする力だと認識しがちです。そうなると、大きな間違いを犯したことになり、とんでもなくエゴイスティックで、不調和な方向へと突っ走ることになります。

人生を個人の意のままにしたいと思う、その心の根底にあるのは、「自分はもっと色々なモノゴトを手にして、幸せになりたい」という願望でしょうが、そんな自己中心的なことに生命力を使ってきたから、逆に真の幸せが遠のいてしまうことになったのです。

その生命とは何なのか、一体どこから来たのかということですが、まだ、物理的な地球や私たちのような生命体が誕生するよりずっと前に、宇宙空間の全てを満たしていた創造の光がすでにあったということです。

この完全な宇宙の光が、あらゆる全てを創造する素(もと)になっています。虚空の意気込みのままに自発的に動き続けて、それは決して止まることなく、消滅することなく、永遠無限に躍進し続けるのです。


私たちの意識が、肉体や個人的な性格（エゴ）を超えて、自らの最も深いところにまで到達すると、「魂」に行きつきます。それはまさに私たちの全身全霊を束ねる中核ともいうべき宝です。それは最も純粋で、最も精妙で、最も根源的で、最も普遍的で、永遠無限の「弥栄のイノリ」そのものですが、大いなる虚空との接点にもなっています。

意識が最も深いところの魂にまで到達すると、虚空の魂（弥栄の意気込み）ともアクセスできるということです。

ただし、現代の私たちはその魂の外側に、個人として無事に生き抜くために「理性」「知識」「感情」「五感」「比較分析」といったような「自己防衛本能」としての性格・人格を幾重にもまとっています。

それを人間エゴ（自我）と呼ぶのですが、真の私たちである神魂が、そういった自己防衛本能に包み込まれてしまった状態を、古神道では「つみ」と表現しています。

「つみ」とは罪悪のことではなく、大切な神魂がつつみ隠されてしまい、私たち自身がそれを全く自覚できなくなっている状態のことです。そしてエゴ（自我）のほうを自分自身だと勘違いして生きています。不覚とはこのことです。本来の真実が見えなくなっているのです。

このことが私たち全員の生命力をパワーダウンさせ、人生の全てを意のままにすることを不可能にしています。ですから、魂の「つみ」を外して、神魂としての自覚（覚醒）を取り戻し、あらためて神魂として生き直すことが私たち全員の急務です。

話を戻しますが、この大宇宙には、見えるものも見えないものも、あらゆる全てを調和させながら発展に導き、決してとどまることなく伸ばして拡大していこうとする「弥栄の意志」が作用しています。それは一点の漏れ残しもなく、いかなる次元や領域にもあまねく公平に広がっている最高の意志力であり、生命の力です。

私たちが生かされているこの現実空間には、素晴らしい生命力があまねく行きわたっており、それはますます発展拡大し続けながら、惜しげもなく私たちの存在全てを満たし続けてくれているのです。

生命の本質

命、つまり宇宙生命の光のことは、古事記の原文では「ひ」と書かれておりますが、超古代においては、現代よりも命の神秘と素晴らしさを分かっていたようです。ですから、命の働きのことを、素晴らしい神として、誰もが心から敬意を払っていたのです。

手塚治虫氏の漫画『火の鳥』（望郷編P４～６）の中に、こんなセリフがあります。

「私の名は火の鳥。鳥とは言っても、それは人間の目から私を見て、鳥に見えるだけです。私の本体は、そう……宇宙にみなぎった生命のエネルギーのちょっとしたかたまりのようなものかしら。私は、宇宙の果てから果てまで、さまざまな星、さまざまな生き物たちを知っています」と。

生命の光は、自らが生きよう、生きようとし、カラダを創って、生かそう、生かそうとする無限の愛なのです。

肉体は、光の入れ替わり（生命の巡り）によって創り出され、常に新しくリニューアルさせられることで成り立っているわけですが、そもそも、この命の光というものを、ほとんどの人がよく理解していません。ざっくりと分かったような気になっているだけで、あまりにも普通で自然なことですから、「ああ、今日も命の光が元気に動いてくれている！」などと感謝することもないわけです。

生と死（創造と崩壊）は一対ですから、命の「生」の部分が分からないなら、「死」が何かも分かりません。

お医者さまや、学者や、ヒーラーさんの意識の限界は、「寿命」という観念があることです。

その観念によって、お互いの無限の可能性は消えます。生命の光の色々な可能性が広がる（＝発展する）ことが阻止されてしまいます。

私たちは、朝になれば目を覚まします。目を覚ますことが良いことだからとか、義務だからとか、そんなことを考えて目を覚ますわけではなく、ある時刻になると**「自ずと」**目を覚まします。

日常的な必要性から「朝は6時に起床しなくてはならない」と、目覚まし時計をかけて「人為的に」目を覚ますなどという場合は別として、いつまでも好きなだけ眠っていて構わない時でさえ、いつかは必ず目を覚まします。

この現象は、私たちの理屈や理論を超えた、命の欲求（光の意志）なのです。ただ起きるということ、ただ目を覚ますということ、このきわめて単純なコトの裏では、神聖な神々の欲求が出現しているのです。

病気や、何らかの特殊な場合を除いて、理屈抜きに日々「いざ！」「よし！」「そら！」という**命の意気込み**によって目を覚ますのであって、その意気込みが私たちの存在を支え、成り立たせ、周囲の現実をも創ってくれているのです。

命の意気込みが湧いて湧いて仕方がないから、「ワクワク（湧く湧く）」と申すのです。

最近では、自分中心の我欲や、合理主義や、思考主義が蔓延（まんえん）し、世間の価値観や、個人的な理屈が先行して、本来の命の欲求（創造主の意志）がないがしろにされているようですが、何とか思い出して頂かないとなりません。

命の根源的な欲求（生きて、生きて、ますます栄えよう！　という意欲）を制限するような、愛ではない概念や、考え方や、理屈を「全て外していく」ことが、神である命への敬意だと思います。

この命の欲求（神々の意気込み）から離れていき、それを忘れてしまうなら、私たちの人生や、この物理世界が一体どれほど素晴らしいものなのかが、ほとんど分からなくなってしまうのです。

命の光の意気込みは、現実の繁栄の根本なのです。

人だけでなく、いかなる生命体も、みなこの美しい意欲を根本中核に持たされており、その全一なる意欲を私たち全員が「主軸」として生きて初めて、弥栄発展の世界を創造することができます。

不老長寿で輝かしい人生を望むのであれば、宇宙大生命の光の意気込みと同じように、私たちも「全てへの愛をもって貢献するために、どこまでも生きるぞ！」という喜ばしい魂の状態から日々出発していかなくては始まりません。

光の柱

私たちの魂と肉体が、今ここに無事に存在できているのは、命の光が循環しているおかげですが、その循環は、神界と地上界を結んだ「光の柱」を通じてなのです。光の柱は肉眼では見えませんが、どなたにもちゃんとある命綱です。

「光の柱」は、虚空と私たちを結ぶ「へその緒」のような働きです。宇宙大生命の通路です。さらに、魂としての自分と肉体とをつなぐ通路でもあります。

そして、宇宙の大いなる繁栄の流れと合体する「よりしろ」であり、ご神徳の氣を宿すための「よりしろ」になっています。

地上界や私たちの肉体が今のように進化する以前に、あらゆる進化の動きは先に「霊的な場」である神界にて起こります。霊的な場のことを学問用語で言うと、「形態形成場」となります。進化の動きは、まさに光の動きとなって、神界から地上界へと光の柱を通じて降りてきます。光の柱なくして、私たちの魂やカラダが今ここに形成されることはないのです。

神界と地上界との結び（＝天と地の結び）を意識し、そこにある光の柱を常に意識し続ける限り、私たちは永遠に美しく、エネルギーが不足することも、老いることもありません。

加齢や老化は、人間界で作られた根深い信心の幻想で、美しい常若（とこわか）が宇宙のリアルなのです。

私たちは、このリアル次元に自らの波長を合わせて、地上での「発展繁栄する不死のボディ」となるべく、学んでいます。

神界から光の柱を通じて降りてくる光は、私たちの魂を活性化し、その魂の光は私たちの肉体にも浸透して、肉体を活発にします。光の粒々がどれくらいの割合で肉体を貫通しているかといえば、私たちの全身空間を、1立方センチあたり、1秒で、30億個も通過しているそうです。

せっかく降りてきているのですから、この光の粒々を充分にあなたの細胞で受け取って下さい。

（そのように意識して感じるだけで、そうなります）

あなたの全身に、常に新たな光のツブを貫通させながら、それをあなたが充分に受け取ると、生きる喜び（虚空のエクスタシー）が無限に感じられていきます。これ以上ないくらいの至福を感じます。元気になり、イキイキしています。

死や、病気や貧困の概念から完全に抜け出て「いつまでも、どこまでも、無限に栄えて生きるという自由を授かっているのだ！」とあなたが感謝して喜ぶことによって、細胞への光は充分に「着床」できます。

もし、あなたが、虚空の神界との結び付きを忘れ、光の柱との結び付きにも背を向けて、たった一人で孤独に生きていると「錯覚」するなら、魂は電源から切り離された「短命の乾電池」のようになります。光という生命力を充電できないまま、電池はいずれ尽きてしまいます。

神界という「光の根源」「命の電源」につながっていると分かれば、生命力の光を充分に受け取ることができ、この生命力という愛を全体繁栄の貢献のために安心して惜しみなく使えるのです。

そして、どれほど貢献し続けても、ますます生命力はパワフルになります。

ちゃんと「神界から授かる」という意識が非常に大切です。それは、弥栄への貢献をするという意識になることによって、生命の光を目いっぱい充電することができます。

第3章

イノリの本質

魂の座から生きる

人の苦しみというものは、その原因を調べていくと、全てがたったひとつのことに帰結します。「魂が主人公になっていない」たったそれだけのことです。

いまだに多くの人が魂を主人公として想起せず、思考や理屈や観念が主人になっています。**その結果、数々の思考や考え方が「魂」にまとわりついて囲い込んでしまうために、魂の意識エネルギーは小さな世界に閉じ込められ、自由な創造活動が封印されていくのです。**

思考や理論は、それ自体は全く「生命」ではありません。生きているわけではなく、「実存」ではないので、魂の生エネルギーを吸い取ることで、どうにかこうにか思考のカタチを保っているだけです。

逆に、魂は生きていますし、思考を超えた叡智があります。しかも、他の魂たちとの交合（和合）によって、ますます新しい魂としての自己を生み出すのです。

ぜひ、自らの魂を、他の全てを超える主人公にして下さい。

天空から地上に舞い降りる雪の結晶は、それぞれが全く異なっています。それと同じで、私たち本来の純粋な魂から放たれる神性の輝きは、それぞれ異なる個性からの崇高な表現になるのです。自己中心的な身勝手さゆえに、エゴイスティックな言動をする偽の自己（低い自己）、こういった偽りの自己（低い自己）の多くは、無意識層の中で猛威をふるいます。私たちの中には、現実創造をする自分が二人もいるわけです。アイデンティティが二つに分断されているのです。ですから、私たちが自らのアイデンティティを「個人的な自己」から「霊的な自己」である魂の座にシフトして、合一することができたなら、そして魂の座に合一したままの状態から「宇宙のまこと」であるイノリを嬉々として実践していくなら、私たちは神としての才能を完全開花させることができます。

たとえ、あなたの意識が魂の座へシフトしても、喜び（エクスタシー）をもとにしたイノリを実践していかないならば、魂は未熟なままです。霊光（神光）を放つことはありませんし、魂が磨かれず、魂の高次化（神化）は起きず、素晴らしい現実界を創ることができません。

決して、人間の延長や人間の最高峰が神ではありません。あくまでも、人間は有限意識でしかなく、神は無限に豊かな意識です。次元が全く異なるのです。

ただ、注意して頂きたいのは、個人的な自分を（ほんの少しでも）否定している限り、自分のエゴを愛で統合することはできません。**個人的な自分（人間エゴ）を抑圧することは、「霊的な自己」を真に実現することにはならないのです。**エゴを受け入れて、祝福して融合することが、霊的な自己としての深みを増します。

神界と現実界の往復

もともとは、全てを創造して生育させるための場（＝神界）が先に存在していて、そのあとに、具体的な「経験の場」「実りの場」としての現実世界が創られたのです。

神界は、モノゴトを生み出す氣の世界ですから、軽やかで、微細で、精妙で、創造の思いがすぐに成されてしまう世界です。

そして、現実世界が創られたのは、そのような氣の世界ではスグに成されてしまう「よろこびごと」「お祝いごと」を、もっと濃密にリアルに実感を伴って体験するためでした。

意識の氣の世界よりも、現実世界はずっと実感が伴う世界ですから、「よろこびごと」の創造において、実際にカラダを使って行為するという喜びを実感したかったのです。

神界という言葉を聞くと、私たちはどうしても先入観による勝手なイメージが立ち上がります。しかし、神界とは「喜びの氣の世界」のことであり、波動が高いイキイキとした美しい愛の空間のことです。

生きとし生けるものが、心躍るような空間、不信も疑惑も不安もなく、燃え上がる生命の息吹きだけが聞こえてくるような躍動の空間です。

ちょうど、素晴らしい神社の鳥居をくぐった時の、あの何ともいえないすがすがしい感じの空間です。深山幽谷に入った時の、あの感覚の空間です。

そのような高次の空間が、鳥居の外や深山幽谷の外にまで広がっている状態が、本来の地上界（一般的な社会空間）であるべきなのです。

虚空が意図したのは、弥栄な神界をこの地上界に降ろして（氣の世界を実の世界に降ろして）、地上天国にすることでしたが、そのことに真摯に貢献する者たちから、自動的に「種の変容」が起こり始めるようです。

神界は、距離的に遠い大気圏の外にあったり、上空でふんぞり返っているような場ではありません。地上界と和合し、重なり合って存在しています。


はるか太古の昔、私たちの意識は、神界と物理的な現実世界を自由に往復できていました。まず、神界で創造の意志を放ったなら、そのあとには現実世界ではその実りを味わってみるというように、実に自由に往復できていたのです。

自由自在に往復できていたのは、私たちが天の秩序と調和に沿って動くような、純粋な意識の神魂であったからでした。

私たちは、創造する意識として、実に沢山の霊型（神働きのパターン）を授かっていました。たとえば、アマテラスやスサノオの働きをする霊型や、他の神々の働きをする霊型など、無数の神通力を虚空から授かっていたのです。

ところが、ある時から、私たちの意識の波動が「中心の愛」からズレて、低い波動になってしまったために、神界に戻れなくなってしまいました。

神界は愛と調和の世界であり、思ったことがスグに実現する世界でしたが、私たち各自が好き勝手にモノゴトを創り出していくようになってしまうと、魂の霊的レベルは相当に下がっていき、神としては「ご乱心の状態」に陥ってしまったのです。

私たちが各自でエゴイスティックに好き勝手な現実創造をしてきたことは、意識の学びの経験としては、いったんは必要だったことかもしれません。ですから、今、そんな過去のことをお互いが責め合うことは意味がありません。ゆるしあうことで、お互いがまた神界へも往復できるようになります。

私たちの意識の中心である魂が、神界へ入魂したときは、いかなる歓喜ともくらべものにならない無条件の絶対的な至福に至ります。つまり、神界という場の本質が最高最大のエクスタシーだからです。

このような「永遠の大歓喜」は、私たちが神界と一体化し続ける限り、永遠に尽きることなく常に感じられます。逆に言うと、少しでもつながらなくなった時に、私たちの魂の歓喜は消え、躍動も消え、むなしくなるのです。

私たちが神界に入魂しているときは、他の生命存在の意識ともシンクロして一体化できます。無数の草木や花々の全てが生きていることが実感でき、かすかにゆらめく空間も生きていることが分かります。

私たちの周囲の空間も、全てが「生命の海」であり、全てが魂であり、お互いに溶け合って交合し合っていることが分かるのです。とてつもない万物一体愛をひしひしと感じられるのです。

このような愛と調和の神界に、あらためて私たちの意識を戻すことができるようになるには、皆がひとつにまとまるような「調和のポイント」が必要です。もともとの素晴らしい創造の意識になれるような、エネルギーのポイントを創っておくことが必要です。それが「中心の愛」です。

私たちが現実世界から神界へ（意識として）戻ってくる時は「中心の愛」へ戻り、神界から（意識として）出ていく時も「中心の愛」から出ていくようにすることです。

私たちが神の魂の意識として、この物理世界で大きく活躍して羽ばたくためには、中心の愛という「よりどころ」があるからこそです。

神界の不動の中心として、「中心の愛」のポイントは永遠にずっと存在し続けてくれます。私たちの意識が「中心の愛」からズレない限り、どんなに遠くまで意識が波及していっても、安心して活躍できます。

イノリの神髄は和合

私たち、そして私たちの周囲の全てが、神界の意気込みによって生み出されました。この宇宙に存在する全ては、神界のイノリが地上界に交合（結び）することで誕生しました。そして、その交合の働き（メビウス）によって、全ての生命存在はますます育まれ、生かされていきます。その恩恵への「感謝」を一瞬でも忘れるとき、私たちの内面にはすぐに「不満」の心が生まれます。「不足」の心、「不安」な心が生まれるのです。

世間のコロナ騒ぎでお気付きになったはずですが、肉体面のことと、経済面と、どちらを優先順位にするかという葛藤や迷いが起きました。しかし、どちらも大事だと分かったはずです。つまり、部分のイノリではなく、全体繁栄のイノリでないと無理なのです。

多くの人は、肉体の病気や感染のことだけか、お金のことだけか、感情の苦痛の浄化だけか、人間関係のことだけか「部分に偏った願い」しか発していません。しかも自己中心の願いです。個人のイノリはあくまでも部分でしかなく、全体愛のイノリとは程遠いのです。それは、愛ではなく、ベタベタした情です。

愛は部分には偏っておらず、全面的に公平です。全体愛のイノリでこそ、各自の生命力はアップします。この生命力が全てを浄化し、全てを新生してくれます。

一番言いたいことは、天地や周囲のおかげで「個」が存在できているということ！

あらゆる全て、そして、周囲への愛のイノリをせずにいて、周囲が活性化しないなら「個」も発展進化できません。

常に今この瞬間の「恩恵」を忘れず、深い感謝を感じるならば、神界からの導きや采配が繊細に分かるようになり、神界への深い信頼も感じることができます。何をするにも、あらゆる全ては全体への深い愛のイノリの力から始まるのです。

代表的なイノリの言霊として、**「全てのカルマを超越し、天意（あい）をして、宇宙創造の発展と、全てのものの神業成就に未来永劫尽くします」**や、「あらゆる全ての未来永劫の弥栄と、ますますの神業成就に喜んで貢献します」などがあります。

頭を使って考えながら生きていくという時代が、もう崩壊しようとしています。エゴの肥大化と頭の知識には、とっくに限界が来ているのです。

ずっと頭を使って生きてきたため、そのクセを手放すことには恐れが伴うかもしれませんが、イノリを拒絶し、魂を軸にした生き方をしていないことのほうが、実は恐いと感じるものなのです。「魂」を中心に生きていないために、森羅万象とのつながり（＝交合）が全く感じられなくなり、結果として「恐い思い」を感じるのです。

私たちは、長い歴史に渡って、本物のイノリをやめてきています。**魂こそ、何よりも真っ先に進化しなくてはならないのですが、イノリをしないような魂であれば、また眠りに陥ってしまい、魂のさらなる発展と高次化（神化）は絶対に起こりません。**

弥栄発展のイノリをする人は、前よりは増えてきたように思いますが、全ての存在たちを、「神の生命の流れ」として見ることができないようであれば、全ての存在と和合（交合）することはできず、どこまでいっても個人的なイノリの域を超えていません。そして、そんな稚拙な魂のイノリが実を結ぶことはありません。

全ての相手と交合し、和合しながらのイノリ、それは、完全にひとつに溶け合って結ばれるときの、自他一体のエクスタシー感覚が伴わなければ嘘なのです。**和合する歓喜を伴わないイノリなら、結びの力（現実化の力）は発生しません。**

イノリの実践は、私たちだけでなく、全ての人たちの人生を変容させます。全ての生命存在、森羅万象のあり方を進化させます。

あなたの過去世も含めて、今までに関わりをもってきた物事や人々との関係性が、拒絶し合うような痛みからの結び付きであったとしても、ますます素晴らしい「和合の関係性」へと変容していくことがイノリによって起こるのです。人生の全てが上向きになり、必ず素晴らしい方向へと進みます。

イノリは、素直であればあるほど、個人的な努力を介入することなしに、周囲の時空間を変化させてしまう力があります。ただし、あなたが少しでも「力む」「頑張る」ならば、そのイノリには自我が入ってしまい、葛藤と疑いの波動が入ってしまいます。

何を「反復」するかで、全てが決まる

「真っ最初」にあった宇宙の営みは、弥栄の意志（イノリ）の音だけでした。ですから、他のどんなに素晴らしいスローガンも、理想的な願いも、弥栄のイノリを超えるものは何ひとつありません。何にもまして優先されていくイノリです。

ところが、世間一般のほとんどの人は、あらゆる個人的な悩みが消えて、不安や深刻さが消えて、かなり楽になった時点で、魂の「役目」であるイノリを忘れていきます。

すると、そこからは光エネルギーが下向きになってしまい、生命力も下がり、また悩むようなモノゴトを創ってしまいます。

イノリをやめてしまうと、中心の愛から少しずつズレてしまい、ドンドン生命力が落ちていきます。それは物理次元を発展進化させていくような叡智と神パワーが不足してしまうということで

す。

私たちにとってイノリがなぜ大切かと言いますと、それぞれの魂の中から「やおよろずの神々」の働きを呼び出すためのものでもあるからです。

私たちがスピリチュアルな道から外れることなく、愛のイノリを動機として生きていくならば、私たちの中からは、並はずれた生命力が生み出され、色々な物事を自然に繁栄させるような能力が見事に（美事に）開花することになります。

私利私欲や、功名心や、賞賛を度外視し、あらゆる他者の魂が神として目覚めていくようにイノリ続け、彼らが持てる能力をいかんなく発揮しながら活躍できるようにイノリ続け、そのために自分が出来ることは何でもするという、最高の「尽誠（じんせい）の魂」を起動して下さい。

そして、真の覚者（聖者）が重要視してきたのは、「反復の回数」です。数は科学であり、反復回数には意味があります。**たった1回の反復と、数多い反復とでは、全く違った化学反応になるからです。**

イノリが弱いのは、回数がまだまだ浅いからです。私の師は、10年くらいは弥栄のイノリを継続しているそうですが、気質や体質までもが変化し、豊かでラッキーな状態が勝手に起こってくるようになったそうです。

このように、**反復することには神秘的な力があるため、「何を反復するか」が非常に大事です。**

キリストは、単なる技法の反復や、純粋無垢な天意ではないものを反復することを強く禁じました。

世間一般のほとんどの人は、「思考」ばかりを反復しているようです。思考に執着し、ずっと反復していますが、そこにはご本人の純粋な「意志」が完全にすっぽ抜けています。

思考というものは、これは「外側」の働きなのです。表面的なものです。思考は無駄に外側に流れますが、意志は「内側」に満ちていきます。特に、弥栄の意志（イノリ）は宇宙の意志ですので、最高最大にあなたの「内側」を光で満たすのです。

思考の「反復」は生命エネルギーのロスであり、天の意志（イノリ）の「反復」はエネルギーの内部充電になっていきます。思考の反復が、いかに生命の無駄づかいをしているのか、よくよく分かって頂けたと思います。

「思考が現実を創る」と申しますが、限界だらけの現実を創りたければ、どうぞ思考を反復なさって下さい。思考とは、ひとつの枠の中にあなたを閉じ込めてしまう「限界」のことなのです。

限界を超えて、ますます発展するような現実を創りたければ、まことのイノリ（天の意志）を反復して下さい。イノリは、思考の全てを超えているのです。

言霊の超深み

虚空の「弥栄であれ」の意志によって、生命の光が放たれましたので、もともと栄えるエネルギー（＝発展の氣）しかないわけです。したがって、宇宙の全ては進化向上するようになっており、栄えないほうが変なのです。

ここで、どうしても言霊についてお話しをしなくてはなりませんが、宇宙の発展と言霊の発展とが、実に密接な関係になっているからです。

虚空がビッグバンを起こした時、神界が開き、その中にあった無限の可能性が「神氣の音波」「霊光の音波」となって動き出しました。

まさに虚空のエクスタシーが放出されて、神界が産声をあげ、神の呼吸が開始されたわけです。

その産声の音は、宇宙で真っ先に広がったエクスタシーの音ですが、それは無声音の「すー」という涼やかな音でした。全ての素になる音ですから「素音」と言います。

素音は万物創造のための基本的な光の波動であり、この素音からはあらゆる言霊が派生して誕生していったのです。色々な言語、音楽、色彩にもなっていったのです。そして、誕生したものはまた虚空の中へと吸い込まれて戻ってきますが、これが虚空の「吸う息」なのです。

この「すー」は、有音サシスセソの「ス」ではなく、有音以前の無声音ですから、現代人の耳にはなかなか聞こえません。

それでも、静かな無の空間に一体化し続けていると、段々と分かってきます。そして、「すー」という静かな無音を聴くようになると、逆に、他のあらゆる音声や雑音がぼやけてきます。

余計な思考や雑念がぼやけて、その代わりに「神々の声」がハッキリと聞こえ始めます。

全ての言語は素音に所属しているのですが、素音だけはどの言語にも属さない別格です。あらゆる音のなかで最も純粋で神聖な音で、宇宙大生命の息吹の音です。

私たちの魂の音、生命の音です。

その素音には、疑惑や、不信や、恐れのバイブレーションは皆無です。ですから、私たちが自然な眠りの時には、心地よく自然な「すーすー」という寝息になっています。

もう少し、言霊の由来にお付き合い下さい。

宇宙創造の最初に生じた素音（すー）からは、「う・お・あ・え・い」の五つの母音（母因）が誕生し、色々な子音も生まれました。

一音それぞれをコトタマと呼びますが、その一音一音が特有の波動であり、独自の創造作用を及ぼします。日本語の一音一音が創造するエネルギーであり、神の作用ですので、日本語には「神が宿っている」と言われるのは本当なのです。

日本の言霊は、一音一音がすでに神の働きを表す音であり、その音が「神の名」になっています。どの一音をとっても「皆で共に栄えて下さいね！」という虚空のイノリで１００％満たされているのです。これは本当にすごいことだと思いませんか？

この一音ずつが連なって、それぞれの音が組み合わさる時、及ぼす作用が色々と変わってきます。

コトタマが連なって組み合わさったものをコトダマと呼びます。

日本語や、一部のサンスクリット語だけが、素音をまともに残している自然音の言葉であり、神のエキスがちゃんと宿っている言霊になっています。

超古代においては、こういった美しい「素音の言霊」がそこら中に飛びかっていたのです。万物がこの素音でつながっており、鉱物や動植物とも、地水風火の精魂とも、コミュニケーションが取れていたのです。自然界の音だけでなく、聖歌隊の音楽や、某作曲家の曲にも、この素音が残されています。

残念ながら、現代の日本語の言霊の多くは、否定的な意味付けをされており、言霊の生命力（創造力）が落ち、豊穣を現実化する力が落ちています。

私たちが、どんなにイノリをしたところで、クリアで純粋無垢な「素音の言霊」でなければ、神界には通じませんし、森羅万象にも通じません。

今こそ私たちは、素音という本来の大生命の波動を全身に取り戻す必要があるのです。

あなたの「音」と「声」

私たちの意識が魂の座へ移行し、まことのイノリを実践し続けていきますと、魂は徐々に高次化し始め、波動を上げながら、本物の神光を放ち始めます。すると、あなたの全身の「音」および「声」が変わっていきます。

まことのイノリをやっているのかいないのかは、その人の全身に必ず表われます。魂の発展進化、霊的な進化は、その人が放つ「音」として表れるのです。それは、魂の音であるため、一般人の耳に聞こえるような音ではありません。耳からではなく、全身の気孔から聴いていくのです。感覚が鈍い人は観じにくいかもしれませんが、それでも必ず「感覚的に」聴くことができます。

全ての生命の弥栄発展と神化をいのる魂からは、心地よい「音」が放たれ、それは自分の全身にも、他の人の全身にも大きな影響を与えます。**人体の光子・素粒子・原子に影響を及ぼし、血液・脈拍・神経にも影響を与えます。**イノリを通じて魂の音を進化させればさせるほど、創造主や神々と全く同じように素晴らしい現実界を楽々と創ることができていきます。

魂の音の進化によって、あなたの声は生きたコトタマを乗せて放つようになり、あなたのイノリの声は「神の声」となって森羅万象の全てにまで響き渡るのです。それは、歌の技術や、話し方の技法で「声を操作する」こととは真逆です。

声は、魂の音の表れですから、「魂の音」の特性であるイノリを失ったなら、あなたが放つ声には何も残らなくなってしまいます。

一人に対してであれ、大勢に対してであれ、誰かと話す時は、スピリチュアル的に重要なチャンスです。誰かと話す時、あるいは神々に問いかけたり、話す時、自分の感情からの言い分を押し付けるような人工的な声になっていないでしょうか？　気取ってみたり、びくびくしたり、不自然な声になっていないでしょうか？

イノリを通じて、あなたの魂が本来の自然な音を放つようになるにつれ、カラダから出る「音」や「声」が、素音（コトタマ）を放つことになります。このような本来のカラダの音、本来の声は、あらゆる全てを導く光となります。

もし、あなたのカラダの「音」や「声」がイキイキと輝いていないようであれば、それは長い歴史にわたって魂を磨くことから遠ざかり、イノリを通じて魂を育成してこなかっただけのことです。

人々のカラダの音（＝雰囲気）や声には、魂の中で起こっているのと同じ状態が示されます。本人は何かを言いたいのですが、魂がうまく機能していないために、声も協力してくれません。魂の活動に支障があると、声にも支障が出ます。

その人がカラダから放つ音、声は、魂の数だけ存在しているというのに、誰もが知らず知らずのうちに声を変え、自然な「素音」をゆがめていきます。その人本来の「音」と「声」を維持すること自体が、本当のオリジナル個性や能力を出していくことになるのですが、多くの人は話す場合でさえ、誰かの声を真似していて、素の声で話す人は1％くらいと言われています。

治療にあたる医者の声や、セラピストの声が素音でなければ、患者を恐れさせたり、依存させたりするようになります。そして、病状を根治することはありえなくなるのです。その人の音や声は、他者を不快にもできますし、霊的な気付きを与えることにもなります。

「音」に関してこんな逸話があります。

あるところにハディルという男がいました。ある時ハディルの「人生の師匠」が街に出かけ、帰ってくるなりこう言いました。「ああ、私は喜びでいっぱいだ。街では最愛なるものばかりだった」と。

ハディルは「それは素晴らしい！　私も街に行ってみなければ……」と考え、早速出かけていきましたが、帰ってくるなりこう言いました。「ひどい！　この世は何ともひどい。私には、何もかもが争っているように見えました。それが私の見た光景でした。私は落ち込むばかりで、まるで身を引き裂かれる思いでした」と。

すると、意外なことに「そうだろう。お前は正しい」と師が言います。「正しいですって？　そのわけを説明して下さい。師の体験と、私の体験が全く違うのに、正しいとはどうしてですか？」とハディルは質問しました。

師はたった一言、「お前は私のような音で街を歩かなかった。この音の違いこそが、二人の間に、現実の体験と観察の違いを生み出したのだ」と答えました。

聖書でも、「初めにことばありき」と書かれていますが、この場合の「ことば」は、宇宙創造の最初の波である「素音」のことです。まさにそれは虚空の産声であり、天音、福音、祝音であり、森羅万象や万物を創って繁栄させる音です。

神としての完全な自覚のもと、イノリをする者から出入りする微細な「音」は、薬の何万倍もの成果をあげることができます。キリストやブッダが薬も使わずに病の人々を直せたのは、彼らが放つ「音」によってだったのです。

宇宙最初の音（素音）だけが全てを調和させ、弥栄にし、ハーモニーを奏でさせ、人や物や事や時空間を調和させ、交合させせていくのです。

「コアの信念言葉」が現実を創る仕組み

あなたの内面にある思い込みや信念が、一体どんな**言語の羅列**(られつ)でプログラムされているのか、それが分かればプログラムの削除は簡単です。

例えば、「楽をしていては、豊かになれるはずがない」という信念言葉の場合、混同しないで頂きたいのは、「楽をして」という条件の部分です。

そこは結論の言葉ではなく、断言や意志の言葉でもなく、単なる「飾り言葉」でしかありません。

そんな飾り言葉など、あってもなくても、あなたの**信念の現実化**には何も関係がありません。飾り言葉は、**コアの信念**ではないからです。

「コアの信念だけが、確実に現実になる」このことを覚えておきましょう。つまり「豊かになれるはずがない」が、信念の本当の中核なのです。

したがって、あなたが楽をしていようが、大変な苦労をしていようが、それは理由付けであって、豊かになれるはずがないという信念の中核が宇宙へとオーダーされ、見事に実を結ぶというわけです。

「そうは言うけれど、全員が楽をしていては、世の中が回らないですよね」と、あなたはまた反論されるかもしれませんが、「全員が楽をして」という飾り言葉はどうでもよく、「世の中が回らない」という信念の中核がそのまま起こってきます。

他にも、「こんなふうにノホホンとしていたら、ライバルに追い抜かれてしまう。敵にもやられてしまう」と、あなたが無意識に信じ込んでいたら、ノホホンとしていようが、ピリピリしていようが、結果として追い抜かれてしまうことが起こりますし、やられてしまうという現実が創られるのです。

信念が現実化することの本当の仕組みがお分かりになったでしょうか？

飾り言葉にごまかされず、「信念の中核」こそ、気を付けましょう。

「楽をしていては、絶対に豊かになれない」という考え方を親や世間から刷り込まれて教育されたあなたは、その信念が無意識レベルに保管されたまま、自分でも気付かないうちに変な儲け話に乗ってしまい、豊かになれないような痛い目にあったりします。

そして、まさかプログラムが作動して現実化しているのだと気付かない場合には、あなたは「やっぱり、親や世間の言うことは正しかった。**楽をするような話には乗らないでおこう**」と、自分のプログラムの正しさをもっと強く確信していきます。

まさか、自分の思い込みが現実を創ったなどと思いもしないのです。そして、あなたの人生からは、「楽をすること」がほとんど消えていきます。いつも大変な思いばかりをすることになります。おそらく、「楽をするような人間は、ろくな人にならない」というプログラムもあるでしょうから、「ろくな人にならない」という信念がちゃんと現実になります。

私たちは、過去からずっと、愛ではない信念や観念をたくさん蓄積し、その信念によってうまくいかない経験を相当に蓄積してきていますから、ますますネガティブな自我が肥大化しています。それでもなお、先人たちの信念プログラムを引き継ぎ、また、他者や子孫たちへと引き渡すのです。

「ウイルスは飛び散って、うつる」という思い込みの場合も、「飛び散って」は飾り言葉であり、それはコアの信念言葉ではなく、「うつる」という中核の信念によってそうなります。

信念や観念は、過去のどこかであなたが取り込んだプログラムです。そのプログラムによって、その通りの現実を過去に何度も創り出し、何度も経験します。そして、あなたがその過去体験を無造作に、無意識に、しかも気軽に口に出していくことで、またそのような未来を創っていくのです。せっせと過去の現実体験を未来に投影していきます。

「そんなに簡単にうまくいくはずがない」「全ての人が豊かな世の中になることは、本当にむずかしい」など、あなたが「むずかしい」という考え方を持っているとしたら、それはあなたが「むずかしいほうが好き」だったのかもしれません。

達成感があって、たまに失敗しても、また頑張って達成することに、たまらなく興奮を覚えたのでしょう。

しかし、もしもあなたがそれに飽きたなら、うんざりしたなら、あるいは感情に振り回される人生が楽しくないなら、プログラムを見付けて、解除しましょう。

プログラムを解除することで、ストレスは軽減し、高次の情報やメッセージが迅速に流れ込みます。

言霊の変質低下

もし、宇宙に言霊によるコトバが無ければ、全てが混乱し、何ひとつとして結び合うこともなく、まとまりません。脳内の思索はまとまりませんし、「何々をする」という意志も定まりません。自然界や森羅万象にも名称がなく、「海」も「星」も「大地」も分別できないのです。動きや変化に関する動詞がなく、感情や感性を表す形容詞もありませんから、「うれしい」も「素晴らしい」も分かりません。雨降りや、風の様子を表現する音もなく、一切の現象を認識できません。何ひとつ観察できません。

何よりも「私」という表現（＝言霊「ア」）が無かったなら、自分自身を思い巡らすことも、自覚することもできません。言霊が無かったならば、私たちはただ無自覚なまま、虚空に漂うしかなくなるのです。

そして、言霊（コトタマ）とは、宇宙のイノリの「音波」のことであり、語彙に命を吹き込んでくれる「神氣」のことです。

イノリの神氣である言霊があって始めて、混とんとした虚空が、「神界」としての調和と秩序を見せるようになるのです。そして、調和と秩序に沿った発展進化が起こるのです。

ただ、残念ながら、いつの頃からか、本来の言霊の神氣が変質してしまい、波動が落ちたコトバを放つ人ばかりになってしまいました。**波動が落ちた言霊を使っているうちに、全身の波動（＝音）も必ず落ちていきます。**あなたの全身の「音」が乱れるとき、健康も乱れ、声が乱れ、現実のモノゴトもギクシャクします。

弥栄ではない物事は全て幻想であり、この幻想のことを「まが」と言い、弥栄ではなくなった言霊を「まが言（まがごと）」と呼び、本来の言霊とは区別しています。

世間の情報は全てコトバ化されていますが、宇宙本来の音の波である「素音」に裏打ちされていないコトバがほとんどです。

本来のイキイキした純粋な素音であった言霊に、人工的な意味付け（＝字意）が加わってしまい、神の精魂がほとんど抜き去られてしまったため、コトバの多くが死んだような音になっています。

特に、日常生活で使用されるコトバからは、神氣（素音）がほとんど抜けています。

たとえ、「バカだね」というコトバを口にしても、素音（コトタマ）に裏打ちされているなら愛の表現になり、「愛している」というコトバを発しても、素音が抜けていたら、雑音のコトバでしかないのです。

あなたはこのような世間の情報（＝低いコトバ）に振り回され、自分の思考（＝低いコトバ）にも振り回され、波動が落ちて不安になっているのではないでしょうか。

一般社会の情報（コトバ）に振り回されて、神魂としてのイキイキした主体性を欠いている魂のことを「遊魂」「遊霊」と言います。これが幽霊の語源です。

幽魂や遊魂の状態であれば、たとえ肉体があったとしても幽霊なのであり、ゾンビのようなものです。神としての意識が無く、イノリをしてもその言霊は低下しており、宇宙には作用しません。

口にするコトバのほとんどが、言霊が消え去った「まが言」に変質しているのです。「まが言」

から創造される事柄は、まがまがしい「まが事」になります。いわゆる「わざわい」です。

中今

古神道では「中今」という概念があります。私たちは常に今この瞬間に生かされており、今この瞬間、この一瞬こそが、言霊や神魂の躍動するリアルタイムです。過去も未来もパラレルも、全ての次元や時空間が「今の中」に畳み込まれています。ですから「中今」と言います。

今この瞬間だけが真の人生であり、永遠生命が燃えさかっている「一切の全て」ですから、過去を引きずった感情、感覚や、未来への取り越し苦労などは、幻想か白昼夢でしかありません。

過去・現在・未来は、どんなに言い張っても、頭の中のバーチャルな幻想です。たった今この瞬間に、全ての豊かさがあるのです。

「中」という言葉に関しましては、儒教の経書(けいしょ)の中で特に重要とされる四書五経(ししょごきょう)の「中庸(ちゅうよう)」の一説には、「喜怒哀楽のいまだ発せざるを『中』という」と、書かれています。感情や言動が生じる前の、全てが生じる前の、虚空の愛が「中」なのです。

「喜怒哀楽のいまだ発せざる」ですから、**愛とは、人間の感情に「変質」する以前の素のエネルギーであり、人間感情を超えた壮大な不死エネルギーなのです。**

私たちの毎日は、意識が目を覚ますことで始まり、意識が眠りにつくことで完了します。この一日一日の短いサイクルですが、誕生から死までの長い一生と「フラクタル構造」になっています。相似形です。

胎児は母親のお腹の中で十月十日（とつきとおか）を過ごしますが、これは38億年の生命進化の歴史を、十月十日に凝縮させたフラクタル構造（相似形）です。

宇宙開闢（うちゅうかいびゃく）というものが、ビッグバンが起きた１３８億年前のことであるならば、**その長い歴史の時空間を凝縮してしまうと、相似形としては「たった今」の出来事になるわけです。**ずっと大昔に起きた天孫降臨（てんそんこうりん）も、全ては「たった今」のことなのです。

いずれの相似形であっても、天地の初発（あめつちのはじめ）が全てであり、「すー」の音波から始まっています。

そして、どの時の瞬間点も、始まりかつ終わりです。原因であり結果です。初発（スタート）の中に、完結（ゴール）がすでに畳み込まれています。

毎瞬毎瞬が宇宙開闢の起点であるのだから、したがって、どの瞬間の「中今」からでも、その一瞬を未知の始まり点として選択できるということです。

ビッグバンが起こって、光でいっぱいの空間ができましたが、その空間の発展繁栄を観察して経験するために、時間という概念が創られたのです。**「宇」は空間であり、「宙」は時間ですから、「宇宙」とは時空間なのです。**

たとえ、人生におけるほんの一瞬の「一コマ」であっても、そこには発展繁栄の順列が、完全な神聖幾何学として畳み込まれているのです。

種子を例にあげますと、種の中には「根が出て、芽や茎が出て、葉や花が咲いて、実がなって……」という発展繁栄のプロセス（時間の順列）が畳み込まれています。種の中身が発展的に展開される様子が時間なのです。

時間を「相似形」で拡大すると、悠久の年月になり、縮小すると、一瞬の一コマになります。全てが相似形です。

私たちは、毎瞬毎瞬「意志」という種をまいています。自らの言霊による「イノリ」の種をまいています。当たり前のことですが、バナナの種の中には、さくらんぼのプロセス展開の場は畳み込まれていません。

「ありがとうございます」の種には、喜びや感謝のプロセス展開が畳み込まれているはずです。「嫌いだ。死んでしまえばいい」の種には、敵対し、ケンカするプロセス展開が畳み込まれているでしょう。

「発展繁栄が信じられない。不安だなあ」の種には、ビクビクするようなプロセス展開が畳み込まれているのです。

「皆様が弥栄発展と神業成就されますように」の種には、共に調和して栄えるプロセス展開が畳み込まれているのです。

今、今、今、あなたはどんな言霊での種をまきますか？

第4章

「死の恐れ」と常若の生命体

「生・死」「あの世・この世」に関する勘違い

「生」というものは、生育・成長・発展・伸びる・拡大・進むといったものの総称ですが、それは命の光の大歓喜そのものです。

そして、その「生」の作用の裏では必ず、古い形の崩壊・破壊・消滅という働き、つまり「死」の作用というものが同時に「毎瞬毎瞬」行われているのです。

赤ちゃんの形がいつの間にか今のあなたの形になっているのも、成人へ向かおうとする働きの裏で、赤ちゃんという状態を「崩壊させる働き」があったからこそです。古い状態を死なせながら、新しい状態へと生まれ変わらせている、この二つの働きがあったのです。

このように、生と死の作用が、同時に調和しながら「無限のメビウス」となって働くからこそ、私たちはどこまでも限りなく発展して存在していけるのです。

私たちは、生と死を勘違いしてきました。

「ゆりかごから墓場まで」という言葉を教え込まれて、生とは誕生の瞬間のことで、死はその生のゴールであると思い込みます。死は、肉体の最期の瞬間にだけに起こる働きだと、社会や他者から学んだのです。

そして、誕生から肉体死までの途中を「人生」と呼び、死までの途中段階は、生のエネルギーを少しずつ使って減らしていく「定期券」のようなイメージではないでしょうか。

ところが、前述したとおり、実際はそうではないのです。あなたの誕生の瞬間から（正確には受胎の瞬間から）すでに「生と死」が調和して表裏一体で起こっているわけです。

命のパスポートは定期券ではなく、いわゆる回数券です。しかも回数券は、一瞬一瞬、虚空から授かるのです。

ですから、人生の年月（時間）が一直線であるという思い込みから目覚めればいいだけなのです。死は、人生という一直線の時の最後に怖い顔をして待っている死神のことではありません。死とは、古きものを壊していく生命の働きのことであり、あなたがこの本を読んでいる今この瞬間にも、あなたを無限に変化させ繁栄させていくために、せっせと廃品回収をしてくれている素晴らしい「裏方」です。

あなたを構成している光の粒々は、人生の一瞬一瞬において、常に虚空（空間）に入ったり、出たりを繰り返しています。突如として虚空に入滅して消えたかと思うと、また、突如として虚空から誕生して出現します。

これが神界による「入滅と誕生」「死と再生」の営みです。私たちの全身全霊は光の粒々で出来ていますから、死と再生の営みはまさに光の点滅とも言えます。

光の粒々が出現して輝いた時には、「私のカタチが有る」とハッキリ分かります。ところが、光が虚空に入滅した時には、どういうわけか、「私のカタチが無い」とは認識できません。なぜなら、脳が光の点滅の速さに追い付かないからです。消えたかと思うと、すぐに出現して輝いてしまうので、輝いたところのカタチしか見えません。

人生の年月（時間）が一直線であるという思い込み（プログラム）がありますと「この世を去っ

てから、あの世（彼岸）に行く」という直線時間の発想しか湧きません。この発想は、生命が行う創造の仕組みを科学的な視野で理解できなかった時代の稚拙な考え方だったのです。

あの世（彼岸）とは、万物の根源世界のことであり、根源の氣の世界のことですから、まさに神界のことです。神界は今のあなたが無心になって（自分ゼロになって）ただ意識を合わせれば、そこに居ることになります。神界と地上界には「物理的な距離」はないので、ただ意識を合わせるだけなのです。

私たちは一瞬一瞬において、光エネルギーによる「生と死の同時作用（メビウス）」によって生まれ直しをさせてもらっています。よみがえっています。つまり、これが本当の「生まれ変わり」なのです。いちいち年老いて肉体死を経由せずとも、常に今この瞬間にて生まれ変わりが可能なのです。

もう少し、「あの世」と「この世」に関してお付き合い下さい。

本来、あの世（彼岸）とは神界のことであり、それはまさに私たちの意識の中核の世界です。人工的に創られた幽界のことではありません。

そして、「この世」とは神界の理想を映し出すための、立体的な現実界のことでした。ですから、世間一般でよく言われている「死後の世界」ですが、これはほとんどが「幽界」のことを指しており、本当の「あの世」のことではありません。

世間一般で言うところの死後の世界（幽界）は、もともと宇宙には無かった次元ですが、人間エゴの地獄的な想念から作られたバーチャルな世界です。幽界は人間エゴと密接な深い関係にあり、世間一般の方々の99・9％が幽界との深いつながりを持ったままです。

量子物理学の観点から言いますと、本当の「あの世」と「この世」は全く分離しておらず、**重ね合わせ**で同時に存在しているのです。神界と現実界が重ね合わせになっており、背中とお腹のようなもので、切り離せないカップルなのです。溶け合っています。

あの世とこの世は別々ではないのに「この世の経験を終えないと、あの世での体験に向かえない」という考え方は成り立ちません。

あの世である神界は「氣」の領域のことで、純粋な氣、つまり光の世界なのです。光の「氣」の領域からは、振動数の異なる領域が創られていき、最も粗い振動数の物理的領域が「この世」です。この世とは、氣が実を結ぶための場です。肉眼で見えていますし、触れることができる領域です。

数学的に言いますと、あの世は虚数、この世は実数で、私たちはこの両方が重ね合わせになった「複素数の世界」に存在しているわけです。

あの世という氣の領域、この世という実の領域は、融合していて循環し合っているのです。私たちは、どちらか片方の世界だけに存在しているのではなく、**常に双方の世界に同時存在しています**。

「死の衝動」を超えるには

まだまだ多くの人が、「肉体が死ななくてもいいなどと、そんなことがあるわけない」と揺るぎなく信じておられます。その強烈な信じ込みこそが、死のプログラムがある証拠です。

死のプログラムに洗脳されていると、人生において何をするにも無意識に「限界」を感じてしまうため、魂も肉体も縮こまっていきます。

つまり、人生そのものが縮む方向に進むため、将来に関しても恐怖感しか湧きません。

これは人類全体が同じ方向に進むということであり、その恐怖感のせいでお互いが心底から祝福し合うことや、１００％信頼し合うことや、愛し合うことが困難になるのです。

表面的には愛しているつもりでも、無意識レベルでは戦いが起こっていくのです。

死のプログラムによる恐怖感を土台にして生きるということは、色々な領域の物事にも波及していきます。

たとえば、「こんな病気になってしまったのだから、もう治らないだろう」という固定観念を持つようになったり「こんな時代になってしまって、何の能力もない自分には生き抜くことなど無理だろう」という考え方を強めてしまいます。

しかし、死のプログラムが単なる機械的な概念でしかなく、私たちの生命が伸び栄えることをジャマするだけの不自然な観念でしかないと冷静に理解して頂けるなら、そのプログラムを選択せずに済みます。

そして、意識の内面から外すことができます。

そうすると、一切の自己破壊衝動（ウツ、気落ち、絶望）が消えていき、心から楽しく生きられるようになります。


宇宙が創造された時には、大歓喜の音波（バイブレーション）しか存在せず、「死」を主人公とするようなコトダマは存在していませんでした。

したがって、宇宙には死神も貧乏神も存在していないのです。


永遠無限に生きる生命の光の象徴として、『火の鳥』があげられます。手塚治虫先生の有名な作品のひとつです。火の鳥のカラダは、弓矢や槍や鉄砲ではびくともしませんし、時々火の中へ飛び込んでは、自ら我が身を焼き、新しい若鳥となって生まれ変わります。その生き血を飲めば、常若なカラダになるから死なないというお話です。

ここで多くの方が勘違いをするのですが、生き血を飲むことを、ただ物質的な血液を飲みさえすれば万事ＯＫと思い込んでしまうのです。キリストの血を飲めば、すぐに自分もキリストになれると思ってしまうことと似ています。

そうではなくて、物質レベルを超えて、「生き血を飲む」ことのもっと奥の意味まで考える必要があります。

生き血とは生きている氣血のことですから、それが意味するものは、本当に心底からワクワクしている「氣」のことであり、躍動する「生命の光」のことです。

漫画での火の鳥の役目は、今までの人類が肉体的に何度生まれ変わっても、相変わらず拒絶し合い、否定し合う様子をずっと観察し続けることでした。

そして、火の鳥は、拒絶し合う人類のことを決して否定することなく、見捨ててもいません。いずれは愛し合い、和合し合う、そんなふうに進化した新しい人類（真の神々）の出現を待ちのぞんでいます。ですから、決して絶望することなく、ずっと観察し続けていきたいと願っているのです。

火の鳥は、何も否定せず、他者を殺してしまう者さえも否定せず、万物一体愛の状態のままで、あらゆる生命体を受け入れています。

漫画の中で、相当な年月を生きた男性主人公（マサト）が火の鳥と会話する場面があります。（火の鳥「未来編」のＰ２６７〜２７１）

「わしゃ、生きとるのか、死んどるのか」

「もちろん、生きていますよ。宇宙生命としてね」

「宇宙生命、わしがいつそんなものになったんじゃ」

「何十億年か前、あなたを包んでいた肉体が朽ち果ててなくなってしまった時からですよ、マサト。それでもまだ生きているんですよ」

「肉体がなくなったのか。だが、おかしいぞ。わしはこのように老いぼれた姿をしとるがな」

「それはね、あなたの肉体の最後の感じが残っているだけなんですよ。本当は、あなたはもう姿がないのです」

「ちっとも知らなんだわい」

「マサト、もうあんな年寄りのかっこうの幻なんか捨てなさい」

「私は宇宙生命か！　私はどうしたらいい？　私にゃ、やることがあるのか？」

「そうよ、あなたには新しい人類を見守ることがあります。だから、あなたにはカラダが要ります。私のカラダに飛び込みなさい。あなたは私になるのよ」

「お前になるって？　だってもうお前は（お前として）生きているじゃないか」

「私のカラダには宇宙生命がもう何倍も何十倍も入っています。あなたもそれに加わるんです。さあ、いらっしゃい、マサト。私の中に飛び込んで!!」


あらゆる全ての宇宙生命を愛して受け入れている火の鳥のカラダ、そこに飛び込んで一体化することは、私たち自身が万物一体愛のカラダに変容することを意味しているのではないでしょうか。いっさいを拒絶せず、いっさいを否定せず、何も断罪せず、丸ごとゆるして引き受けている、そんな万全な愛でいっぱいのカラダになるとき、私たちは永遠無限の魂としてだけでなく、永遠無限の肉体としても存在し続けることができます。ますます愛し合って繁栄し続けるために……。

不老不死（常若）の証拠

私たちの恐れの根本には「死への恐れ」が必ずあり、その可能性が少しでも出てくると、ほとんどの人が瞬時に感情的になります。死、すなわち消滅への恐れです。

自分そのものである魂の意識が消滅すること、あるいは自分の肉体が死滅すること、そのいずれかへの恐怖感、もしくは両方への恐れです。何も普遍的な真実を知らないがゆえに、常に死への恐れを心底に持ったままで生きている、これは最大の不幸です。

しかし、この宇宙のどこを探しても　愛と喜びの流れと、大いなる生命力の光しか存在していません。それなのに世間一般では、死という個人的なイリュージョンをとても上手に作り出しています。これが最もエゴイスティックな現実創造といえるかもしれません。

世間を見わたしますと、老化、死、病というものが自然で当たり前のことだと言われるようになっています。あるいは、人生とはそういうものだと言われています。自然界の植物や動物や木々たちの死も、それが自然なことであると証明しているかのように見えます。

しかし、全ては私たちがそのように創ってしまったのです。私たちは創造する神魂としての意識を持っていますから、その私たちが、自己破壊メカニズムとしての「死の考え方」を自然界の中に持ち込んだならば、動植物たちがその意識の影響を強く受けてしまうことは充分に考えられます。私たちの「死の予想」に彼らが支配されてしまうのです。

ごくまれに、一部の動植物や樹木たちは私たちの意識の制限からのがれて自由に生き、実際、無限に生き続けている沢山の小さな植物や紅クラゲなどが存在しています。

「肉体は必ず衰えて死ぬ」という私たちの信念が、私たちのカラダの老化や死だけでなく、動植物や木々たちの劣化衰弱にまで影響を与えるのです。そんな影響力を持つほどの、有害な殺傷能力のあるウイルスや、細菌や、ガンといったような自己破壊メカニズムをつくってしまったのです。死も老化も、私たちの意識がつくったのです。

「普遍的な事実」を申し上げますと、私たちの全身全霊の中心である魂は、虚空の神界と全く同じ力を持ち、命の光をあふれ出させる「不滅の泉」です。私たちがその魂の力のことを忘れてしまうと、「死の考え方」に毒されていきます。

私たちは神界から神の愛の光を授かり、それをもとに肉体をつくりました。自分が魂の存在であり、光によって万物をつくる存在だと分かっていた超古代では、死の考え方に毒されておらず、当時の肉体は、今よりもずっと軽くて早い振動数として存在させることができていました。さらに、授かりたいものがあれば、光を使って何でもつくり出すことができていました。

しかしながら、私たちが魂としての意識よりも、肉体の意識や感覚のほうに重きを置くようになっていくにつれ、**創造する神魂であることを忘れはじめ、物質世界だけがリアルだと思うようになっていきました。**物理的なルールや法則のみに従うようになり、創造の神と自分とは完全に別物であるという認識になっていったのです。

肉体の肉眼があるがゆえに、目が向くのは物質ばかりになりました。それぞれの肉体はつながっていないのだから、それぞれの魂もつながっていないと思い込むようになったのです。
これが孤立感の始まりですが、この孤立感によって、私たちはますます神界とのつながりが切れて、死と老化に向かって拍車をかけることになったのです。

肉体の細胞が新しく復活し続ける限りは、死滅は不可能です。それればかりか、ようやく各自のオリジナリティが発揮されるようになります。

神の魂に戻る、つまり「神のもとに召される」とは、死ぬことではなく、死を超越した「無限の生」と一体化することだったのです。

あなたが思っているような死は本当にありません。どこを探しても至福（愛と喜び）の流れ、大生命しか存在していません。

第**5**章

あなたの人生に「神聖で美しい花」を咲かせる

参上り（真の参拝）

超古代の私たちは皆、肉体を持った神としての存在であったがゆえに、ミコトと呼ばれていました。特に、弥栄と神業成就のイノリをするような存在であったため、お互いにスメラミコトとも呼び合っていたのです。

今ではそれを完全に忘却して、私たちが何のために現実世界に生きているのかさえ、思い出せなくなっています。

このミコトである私たちの本質・実体が「一体どんなものであったのか？」という問いかけに関して、全身全霊で向き合って解明していくことを「参上り」と申します。

参上りは、ただ形式的に神前で手を合わせることとか、願いごとをするとか、神々の援助をお願いするというような一般的な参拝を超えている「真の参拝」です。

全ての「コト」の起こりが一体どこから発生するのか、全ての創造がどこから発生するのか、真摯に追い求める道（スピリチュアル道）に本気で入っていくことを「参上り」と言います。

最終的に言いますと、参上りとは、命の光の根本神髄である「和合の本質」を目指して突進することを申します。

「和合とは何か」「交合とは何か」ということを、実際の人生経験の中から、体験的に分かって知っていこうとする意気込み、これが私たちの魂の本質ですから、和魂とも呼ばれるのです。

参上りは、神界への入口であり、真の弥栄な人生への岩戸開きです。**私たちの魂の覚醒は、参上**

りが入口なのです。

大いなる全体繁栄という神界の理想をめがけて、どこまでも精進しようとする奮発心が参上りです。これこそが、私たちが神として（ミコトとして）最も満ち足りる意気込みといえるのです。

超古代の私たちの祖先は、燃えたぎる命の光のことを「神」とか「ひ」と呼んでおり、光の本質を充分に知り得た存在のことを「ひ知り（ひじり）」と言いました。それが「聖」の文字になったのです。

勇猛果敢に精進する心を向上心と言いますが、参上りというからには、向上心よりもさらにいっそう進んだ「実行・実践」の精神に富んでいる心のことを申しています。

「〇〇しようか、〇〇しないでおくべきか」などと頭で計算して考えているのは、神界への不信感があるからです。思案・思索・思考が先行すれば、なかなか行動できません。一生実践できません。考えていても、頭には人生がなんであるかは分からないですから、実行・実践あるのみです。

例えば、食事をするときも同じことで、「いかなる成分を食べるのが正しいのか？」などと考えていては、いつまでたっても食べることはできません。食べ物の成分も、森羅万象や人生の「コト」も、今までの情報だけでは完全に理解する（知る）ことは不可能です。ですから、実践して、経験して、体感して、行動しながら分かって知っていくしかありません。

最初に実践ありきです。

ただ何事も危険なことが起きませんようにと、ひたすら安全第一主義のことばかりを考えていますと、命は衰退に入っていくだけです。せめて、ある程度までは命を雨風にさらすことによって、「雨風と和合」するという神秘を知ることができます。少しの危険も冒さないような心であれば、実地が伴わず、やがては個人も全体も衰退するばかりです。

ただし、何でもかんでも、やみくもに実践行動しろと言っているわけではありません。思案や思索も大切にし、尊重もしますが、格別に「実行・実践」に重きを置いていくことが「参上り」です。

種子から芽が出て、茎や幹が上へ上へと伸び栄えて進むのは「参上り」の精神を表しており、そのアッパレで爽やかで澄み切った情熱的な精神からは、必ず美しい花が咲いて実を結びます。

ついでながら、「参上り」の真逆のことを「まかり下り」と言います。「まかる」と言いますのは「無くなる」「退く」「命から遠ざかる」という意味です。死ぬことを「身まかる」と言い、ケンカに「負ける」という表現も「まかる」なのです。総じて、「まかる」とは「堕落すること」であり、「弥栄に生きることをやめる」という意味合いです。

意識を小さく閉じ込めると「小我・自我」になる

もし、あなたが「今ひとつ、人生がうまくいかない」と思っているなら、自分の意識を小さく閉じ込めている可能性があります。

自分が恐怖感や不快感を味わいたくないと思ってしまうあまり、それらを全て避けていると、いつもビクビクしながら生きることになります。

快適さを願うあまり、不愉快さから逃げていると、どんどん住む世界が狭くなって、意識が狭くなっていきます。

もし、恐怖や不愉快な事に出会ったとしたら、それは外側のことではなく、自分の意識の内側にあるからで、その内側を変えなければ、人生がうまく運ぶことはありません。

例えば、嫌いな現実と、好きな現実を分けることは、あなたの意識を半分に分けているということになります。それだけでなく、好きな人と、嫌いな人に分けることは、自分の意識をさらに半分に分断します。

自分に有利で都合の良い出来事と、不利で都合の悪い出来事とに分けて、自分の意識をさらに半分にしていきます。

そして、正しい事と、悪い事に分けることで、またまた意識をさらに小さくしていきます。

こうやって、意識のスケールを半分にし、それをまた半分にしながら、これ以上は小さくできないところにまで意識を縮め、自らをちっぽけな存在へと追い込んでしまったのです。これが「小我」であり、一般的には「エゴ」とか「自我」と呼ばれる意識なのです。リンゴに例えるなら、みじん切りにしてしまった状態です。

生命力・自己再生力もちっぽけで、だから**恐怖心でいっぱいになっている**のです。意識のスケールが小さく、許容範囲も小さく、許可レベルも低いままで、自分に自信が持てなくなります。

人やモノゴトに対する「許容範囲」が狭いために、偏屈で、窮屈な意識になって、人をゆるすことも、全員の繁栄を願う心もほとんどありません。自分に余裕が持てないのです。

ゆとりがなく、キツキツな意識で生きており、そのゆとりの無さが、色々な領域に投影されて、キツキツの貧しい現実を創ってしまうのです。

こんな意識では、どんなに努力しても、素晴らしい現実を創れるだけのエネルギーもなく、人生を喜んで生きることができないのです。

このちっぽけな自我の寄せ集めとして生きるのではなく、みじん切りにしてしまった自我を、もとの壮大な意識へと溶かし合わせて統合していきましょう。それが「意識を拡大する」という意味です。そのためにも、色々な自我を否定していては、溶かし合わせることができません。

自分の意識を拡大することは、全ての愛を広げて進化することなのです。それが虚空（宇宙創造主）の意識に戻ることであり、私たち本来の神魂の姿です。

嫌いな出来事をゆるして受け入れたとき、あなたの意識は拡大します。嫌いな人を「自分のこととして」ゆるして受け入れたとき、あなたの意識は広がるのです。つまり、生命力が、自然治癒力が、愛が、意識の自由度が大きく広がるのです。この状態が、宇宙全体の本来の姿です。

「でも、イヤなものはイヤなんだもの」と、反論したくなる気持ちもよく分かります。過去の私もそうでしたから。

自分が誰かを嫌いだと感じるには、ちゃんとした理由があるのです。それは「こういうことをするのはいけないことであり、許せない」といった裁きの考え方があるからです。その考え方は、過去世においても相手を裁くツールになって、双方ともが憎みあう因縁関係だったはずです。

そういった裁きの心がひとつ消えるたびに、今まで半分になっていた意識がノビノビと拡大していきます。無条件の愛とは裁かないことなのです。

「理屈としては分かりますが、それでも、倫理的にも、道徳的にも、許せないことってありませんか?」と、あなたが思っているのも分かっています。私も同じでしたから…。

ところが、実に不思議なことに、こちらが相手を全面的に受け入れる意識になってしまうと、相手は変容してしまうのです。少なくとも、自分にとっては変な相手ではなくなるか、自分の目の前には現れなくなります。

自我という「偽の中心」の由来

魂が「真の中心」、自我は「偽の中心」、この区別が自分でも明確に分かるようになれば、心身の苦しみはほとんど消えます。

魂としての覚醒が起こる以前に、私たちの自我は幼少期あたりから発生します。

ここで、自我(人間エゴ)とは何なのか、自我システムとは何なのかを、改めてお伝えさせて頂きます。

自我は乳児期に目覚めます。赤ちゃんは、母親の子宮の中では、虚空の中と同じで、この上なく深い至福に満ちています。そこでは赤ちゃんは母親の空間と調和しており、母親と自分が別の存在であることなど全く知りません。完全に一体化していますから、母親が安定した気持ちでいれば赤ちゃんも安定していますし、母親が不安なら赤ちゃんも不安になります。境界線が全くないということは、最も純粋な至福ですが、それは必ず失われていく運命にあります。子宮内では母親が自分自身であったのに、誕生後はすぐに母親と分離してしまいます。この瞬間から、「自分とは何者か？」を自分で思い出すための探求の旅が始まっていきます。早いうちから子供には、必ず世間からの訓練が施されます。自然のままではいられないことが強要されていきます。決して真の愛からではなく、「良い子」に仕立て上げるという操作支配のエゴ意識から強要されるのです。これは、あなたの過去の実話です。よその子の話ではありません。世間は色々なことをして、子供をその自然な中心から連れ去ろうとします。結果、子供のマインドに、別の新しい中心が作り出されてしまいます。本来の純粋な中心ではなく、人工的に作られた偽の中心が作られるのです。

成長していくにつれ、子供は親への関心が薄れ、他の子供に関心が移ります。親から離れていくことによって、自分個人という独立した存在を意識するようになります。そして自分と他者との離別がなされていきます。

自分と他者とが離別されると、子供は「所有」を開始します。たとえば、自分のママ、自分のオモチャ、自分のチョコレート、自分の服……。

「自分のもの」という概念が、自我の中核構造といえるのです。自分のママに誰かが甘えていたりするのは、黙って見ていられません。自分のオモチャを誰かが使っていたならば取り上げようとします。自分の所有物を守ろうとし、執着し、自己主張し始めるのです。まさにこれが「闘争の発端」となる我欲ですが、自分の所有物に執着し、なわ張りと支配権を主張するようになっていきます。

いったん「自分のもの」という所有感覚が入ったが最後、子供の人生は大人になってからも、競争・闘い・暴力・攻撃・苦闘の連続となるのです。

次に来るのは、自分自身という感覚です。子供が「これは自分のもの」という主張を通して、突然「自分は所有物の中心だ」という思考が現われてきます。

所有物で自分の周りを固めていくにつれ、徐々に、その「所有物の中心」に存在するのが自分だという観念・信念が子供の中に生まれてきます。

「私の名前は○○です」「私の職業は○○です」というような、「自分に関係するもの」は所有物であるわけです。

所有物は、自分と他者を区別するための境界線となり、境界線の内側中心が自分であるなら、境界線の外側が自分以外の他者であるという考え方になります。

このようにして、有形無形を問わず所有物が増えるにつれ、ますます自と他は分断され、物事や現実がバラバラになり始めます。この状態が、大人になっても引き継がれていくのです。

実際のところ、私たちの意識には分断はなく、大いなるひとつだったのです。「無意識」と「覚醒した意識」との間にさえ分断はなく、覚醒した意識だけがあったのです。

しかし、分断が起こったのは、あなたの真の中心がどこかに追いやられ、別の中心が作られ、その偽の中心である自我から生きていくようになったからなのです。世間や大人や社会から教え込まれた偽の価値観に従って、偽の生を生きています。

あなたが葛藤し、苦悩し、いつも緊張しているのは、先天的な「真の中心」と、後天的な「偽の中心」との、二つの中心を持っているからなのです。真の中心は、ますます成熟し、発展することができますが、偽の中心は未熟さを肥大化するだけで、成熟はしません。幼稚なままです。知識の蓄積を肥やし、お金の蓄積を肥やし、成功のカタチは肥大化させますが、愛に成熟できず、清廉されてもいません。


この世の中を生きづらいと感じるのはどうしてでしょうか？　あなたに苦悩があるのはどうしてでしょうか？　迷って葛藤を繰り返している本当の理由はどこにあると思いますか？

それは、あなたが「真の中心」から切り離され、真の自己を忘れ、後天的に作られた「偽の中心」を自分だと錯覚して生きているからです。

世間や社会があなたに行ってきたことは、「真の中心」に対して無意識にさせることばかりでした。とにかく「外側の成果」を追いかけることに成功のイメージを持たせるのです。こんなことに気付かないようなら、まるで奴隷のような人生です。

あなた自身が奴隷をやめ、唯一無二の「独りの尊厳」を取り戻すためには、自分の真の中心、自分の真の根源、その魂に再び根付くことしかないのです。

本当であれば中心は一つのはずだったのに、二つの中心をもって生きているから、葛藤が起こり、苦しいのです。

このように、私たちはまず、「偽の中心」を自分だと信じて、非常にエゴイスティックになっていくという経験をします。それは、若いうちは、エゴイスティックな所有欲を持ち、その欲を達成しようとする強い意志力を育てなくてはならないからです。**そして、それがいつの日か「神聖で美しいもの」として花開くための土台になるのです。**

偽の中心は、全宇宙の発展繁栄を「内側」から無限に創造し続けるだけの神パワーを持っていません。限界があるのです。

偽の中心（エゴ）が欲しがるものは、結局は自分の「外側」にあるものばかりで、世間一般の成功やお金などは所有できるかもしれませんが、それらによって「内側」の真の中心（＝魂）が成熟したり、進化発展していくことはないのです。

自我は問題児ではない！

自我は「あいつに、あんなコトを言われた」というような「あげ足取り」と言いますか「言いがかり」をつけることがクセになっています。「何かのせいで、あんなひどいコトが起きた」というのも言いがかりです。

このような、常に批評して言いがかりをつけるような生き方は、ある時期までの不覚で無明の私たちには仕方がなかったことなのです。誰もが、自分だけは優位に立ち、できるかぎり他者よりも勝って生き抜くため、自分の全生命をかけて、涙ぐましい努力や陰謀を張り巡らしてきたのですから、その言いがかりをつけるやり方に注意を促したところで、自我はもっと頑固になるばかりでしょう。

そして、意外なことに、このような言いがかりをつける自我の生き方は、壮大な宇宙的な愛の視点から見れば、実は賞賛に値するものであり、決して嫌うものでもなく、否定するものでもないのです。

相手の中に見る自我は、必ず自分にも有ります。しかも、それらの自我は「問題児」などではないのです。

困ったヤツ、何とかしなきゃならないヤツ、そんなふうに評価の目線で自我を判定するならば、それこそ自我は問題児になってしまいます。

自我を評価するのも、これまた自我なのだと気付いて下さい。

もし、あなたが覚醒した愛の意識であるならば、いかなる自我に気付いたとしても、決して評価はしません。むしろ「慈しむ」のです。

自他を評価して言いがかりをつけることは、結果として、うぬぼれるか、落ち込むかなのです。他人の揚げ足取りをして、自分の正しさを突き付けるなら、感情的にはスッキリしますし、勝った気にもなるでしょう。しかし、決して相手も内面では絶対に引き下がりませんから、いつまでたってもお互いの心の中では闘いが続きます。それは、前世からずっと持ち越している未消化（未昇華）の課題です。

そういう自我の戦闘ゲームから足を洗うには、自我に対して心から「ありがとう！ 素晴らしかった！」を伝えて、心から感謝をすることです。自我は、良かれと思ってあなたを守ろうとしてきたメカニズムですから、大いに感謝こそすれ、否定したり、抑圧するものではありません。「お前など、死んでしまえばいい」というような自我のヘイトスピーチを理性で抑圧したまま、「私は愛の人です。全ての人を受け容れています」というフリをしてみたところで、憎悪の感情はしっかり残っていますから、これでは自我ゲームは何も終わりません。愛ある勇気をもって、自分の内なるヘイト・スピーチを見付けるからこそ、そして深く感謝するからこそ、憎悪エネルギーを愛にまで変容させることができるのです。

決して、決して、決して、自我を嫌わないことです。問題視しないことです。そのためにも、私たち全員が全一愛の意識として覚醒し、その自覚を保つことが求められるのです。愛の意識とならない限り、自我をねぎらうことも、解放してあげることもできません。「命がけで、私を守ってくれたのですね」と、ちゃんと感謝をして下さい。

あなたが自我に同一化したままであれば、色々と限界だらけになり、出来ないことが沢山出てきます。逆に言うと、あなたが全一愛の神意識としての認識を持てば、自我を統合できますし、自我という限界枠を超えて、あなたの多くの可能性がたくさん花開くことになります。

自我肥大化の三段階

私たちの自我の肥大化には、いくつかのプロセスがあります。霊的な本質である愛の意識が覚醒していないため、外側の現象に振り回されたり、外側ばかりを追い求めます。いずれにしても、自我の特徴は、どこまでいっても「闘争」「敵対」などがベースになっています。

自我の第一段階の人は、ただ生き延びることだけが精一杯の人生となります。世界中の至るところで、多くの人が食うや食わずの状態で、不安と恐怖でいっぱいになりながら、必死に生活しているのです。住居、食料、物質、過激な気候、病気、そういう基本的な問題で頭がいっぱいになって生きておられます。

第二段階になると、ある程度、何とか生きることはできていても、もっと経済的にも物質的にも余裕をもち、もっと楽になりたいとか、もっと富裕な環境に身を置くような身分になりたいと思っています。人並みに一生懸命に頑張って働くのですが、やはり目先の不安で頭がいっぱいになって過ごしています。外側の世界が、内側の意識の現れであることを知らずにいます。

第三段階になると、かなり人数的には少なくなってしまいますが、個人的には求めるものをほぼ手に入れてしまい、第一と第二の段階の人よりも相当に豊かで恵まれているにもかかわらず、さらにもっと多くを手に入れたいと欲している人々です。
このグループの中には、意外ですが、物質的な「清貧」を唱える人もいるから驚きです。手に入れたいものが物質ではなく、人気へと移っていきます。脚光、賞賛、崇拝、そういう人心を欲しがるという意味では、もっと巧妙にずるくなっており、「立派で高潔な人物」「崇高な人」「聖なる存在」というレッテルを欲しがっていくのです。これは自他ともに気付きにくい盲点です。

次は第四段階ですが、これはもう自我の段階ではありません。自我ではなく、真の意識が覚醒しています。世界的に見ても、まだほんのわずかな人たちだけです。この段階の人は、経済的な不足感や、物質的な不足感からは完全に解放されており、人気と崇拝を欲しがるような不足感からも解放されています。全体を考えるような霊的な内面の向上、深い叡智につながった意識、万物一体愛の経験にしか興味がありません。人生は霊的な全一愛の道を歩む旅だと知っているのです。そのような天の意識（天意）で人生を生きていきます。何かを意図し、決意し、求め、欲求し、願う「動機」がまったく違ってきます。何かを為すことの動機がまったく変化しているのです。そして、彼らの意識が精廉され、熟成するに従って、「何かを為す人」というものが消えて不在になり、ただ自然に「為す」だけが起こってきます。これを、「無為にして為す」と表現するのですが、「自分が」アレやコレをしているという考え方が消え去ってしまい、いわゆる「実践者」が消え去って、創造の源である虚空の愛の意志だけが自然に起こってくる状態です。

「幸せな人生を送りたい」と、ほとんどの人間が望んでいます。しかし、問題点は、何をもって幸せな人生だと信じているのかということです。そこがあなたの意識の中心です。まず、ゆりかごから墓場までが「人生の時間」だと思い込んでいるなら、今の物理的な世界（今の地球）が陥っている苦しみの元凶から離脱することはできません。

制限された有限の年月、時間のなかでは、焦りしか生まれないのです。「私たちは永遠無限の光であり、不死である」という事実が腑に落ちるようにならない限り、幸せな人生を送ることはできません。（不死に関しては、著書「光・無限のいのちを生きる」を参照）

本来は永遠不滅であるはずの意識と生命を、制限された時間の概念の中に閉じ込めたままで、できるだけ良い結婚、もっと沢山のお金、もっと大きな豪邸、もっと崇拝され賞賛される立場、沢山のSEX、さらなる美貌と若さ、こういうものを欲求し続け、手に入れることが幸せへの鍵となっている限り、苦しみの元凶からは離脱できません。外側から何かを得る願望成就が幸せと思っている限り、苦境は続きます。

状況や物質をかき集めて所有しても、決して幸せな人生は得られないと、どこかで分かってはいるものの、それでも病気のようにやめられない。その「やめられない」と思っているのが、自我というメカニズムでしかないことに気が付きません。

もし、あなたが、自我というものが条件付けされたメカニズムでしかなく、世間や他者からプログラムされたメカニズムでしかないと分かったなら、激しい欲求が湧いても、ただそっと見送るだけにして下さい。そして、自我メカニズムが作動している所よりも、さらにもっと奥の、もっと内面の、「無思考」のところに意識を置くようにするのです。思考の言葉が無いところに意識を置き続けて下さい。

「幸せな何か」というものが、内面的にもっと豊かになること、もっと愛にあふれること、内面的な真の自己を輝かせて存在すること。そして「生」が永遠不滅で、終わることのない新化創造のプロセスだと気付くなら、あなたの幸せな人生はもう手中にあるのです。

憧れが、嫉妬心（ねたみ）に変わるとき

私たちが、本来の神意識（神魂）に戻る前に、どうしても突き抜けなければならない感情の壁があります。それが「うらやましい」という嫉妬心です。

「私には、そんな嫉妬心は全くありません」と言う人でも、無意識のレベルでは、うらやましいと思っている対象の人がいるかもしれません。そこはよく直視して下さい。

この嫉妬心は、被害者意識の強い方なら、必ず持っています。**「自分が何かの被害者である」という無意識の思い込みは、「被害を受けていない人がうらやましい」を表裏一体で持っています。**

この嫉妬心には、人の生命さえも奪い取る力があるのです。

あなたが、被害者意識になって、嫉妬心のような低い想念世界に入り込んでいるとき、少しでも「思考」を使うと、低い想念世界はますますマイナス方向に勢いを増してしまうということを知っておいて下さい。

被害者意識になって嫉妬心の世界に入りそうなときほど、他者や外側の出来事に向かっていた自らの意識を、英断をもってスッパリと切り替え、自らの内面の奥深くに向けるようにして下さい。「いいよなあ、あいつらは」というような小さな嫉妬心から、もっと大きな「くそ！　あいつらだけがいい思いをしやがって」という激しい憎悪に満ちた嫉妬心まで、いかなる感情であれ、あなたの内側の価値観（モノサシ）を使い、評価した結果として、その感情が湧くのです。

感情とは、無意識の領域における価値観に基づいて、あなたが勝手に創り出したエネルギーであることを忘れないで下さい。


あなたは、イキイキと輝いて幸せそうな人を見て「素敵だなあ。私もあんなふうになりたい」と思ったことがありませんか？

それが、映画スターとかタレントさんであれ、近所の誰かであれ、まぶしいほど輝いている人に対して「あんなふうになりたい」と、憧れを感じるのは自然なことです。

そして、そう思った瞬間に、実は、あなたは**あなた自身の内側にある「魂の輝き」を発見しているのです。気付く、気付かないは別として。**

その時のあなたの魂が、どんなにイキイキと輝いているのか、そのことに気付いて頂きたいのです。あなたの内側には、誰かに感じたものと全く同じくらいの「素晴らしさ」があることを気付いて頂きたいのです。

しかし、残念ながら、ほとんどの人がそのことに気付いていません。意識が外側ばかり向けられているためです。

あなたの意識は、外側にいる相手にばかり向いてしまい、あなたは「相手だけが素晴らしいのだ」と誤解しています。まさか、自分の魂の「投影」だとは思いもせずに。

もし、あなたが、誰かに対して素敵だと感じるなら、その瞬間にこそ、素晴らしいものを素晴らしいと感じている自らの「魂」に、しっかりと意識をフォーカスしてみて下さい。

それをせずに、今までどおり、イキイキと輝いている外側の人にばかり、あなたの意識を向け続けていくならば、あなたの内側の生命エネルギーは、どんどん相手のほうに流出していくことになります。

誰かを素晴らしい人だと感じた瞬間、あなたと相手のエネルギーは公平でしたが、あなたがその相手にずっと意識を向け続けることによって、あなたの生命の輝きは枯れていき、相手のエネルギーだけが増えていきます。このパターンが最も顕著に現れるのは、恋愛関係の時ではないでしょうか?

そうやって、外側に流出したあなたのエネルギーによって、相手のエネルギーばかりが増え続けると、どうなると思いますか?

エネルギーが枯れてきたあなたは、公平だったエネルギーバランスが壊れ、しだいに「あの人は本当に素晴らしい。でも、自分は何てダメなのだろう」と感じるようになります。

最終的には「あの人がうらやましい」と、強く嫉妬するほどにまでに生命エネルギーが貧しくなって、みすぼらしい波動の自分になってしまうのです。

「うらやましい」という嫉妬心は、「自分には無い」「自分は持っていない」という考えの裏返しです。

宇宙創造主であるあなたが、「うらやましい、うらやましい」という想念を出すたびに、「自分は持っていない。自分には無い」という想念を宇宙に宣言し続けていることになり「無い」という現実をずっと創造していくのです。

富裕な人に対して「うらやましい」と思うよりも、「あの人、素晴らしいなあ」と感じるほうへ意識を戻して下さい。

そして、**相手の素晴らしさは、自分の内側の「投影」だと気付くとき、エネルギーが公平になり、あなたも富裕な人へと変化することが可能になります。**

もうひとつ、自分のエネルギーを枯渇させるのが、一部のグル（導師）や教祖といった存在です。残念なことに、厳しい修行をして覚醒したというだけのことで、グル崇拝、教祖崇拝、聖者崇拝という時代遅れのゲームがいまだに続いています。

実は、過去の歴史上であれ、今世であれ、完全覚醒を成し遂げたような人は、単に「役割」に過ぎず、特に偉いわけでも何でもないのです。普通です。

みんなが（全員が）、今の時代で覚醒できるんだという、その**「潜在性」を示すだけの役割です。**

そして、彼らが覚醒を達成した「手段」は、万人向けではなく、本人専用でしかありません。ですから、聖者という存在を素晴らしいと思ってもいい、しかし、特別な人だと神棚にでも祀るような思いで、あがめ立てることは絶対にやめておきましょう。あなたの生命エネルギーが相手に流れて、相手がそれを盗っていくだけですから。

裁く心は、神の本質ではない

辛さ・苦しさは、もともとの宇宙には存在していません。「共に調和して栄えよう」という意欲のみが宇宙全体の本質です。どうか、それを思い起こして下さい。とすれば、辛さ・苦しさはどうやって生まれるのでしょうか？

それは、「裁く心、責める心、とがめる心」から生み出されてきます。つまり、神の本質ではないものから生み出されるのです。

何か起こるたびに、あっという間に（瞬間湯沸かし器のように）、「ホントにもう！」と誰かに対して「責める気持ち」になるクセはありませんか？（そして、そんな自分をゆるせなくて、罪悪感が湧きます）

どんなにささいな感覚であれ、裁いて責めることとは、あらゆる生命力への否定であり、攻撃です。生命力がますます発展することを「喜び祝う」こととは真逆です。何かを裁いて責める心からは、攻撃の波動が出て、宇宙から授かった自分の生命力を破壊する力へと変質させてしまうのです。自己破壊衝動、自己攻撃の力へと変質低下させ、ガン細胞もつくり出します。まさに「死のプログラム」と変わりありません。

色々な価値観・信念・観念を握っていると、それをもとにして、色々な物事や他者を必ず裁きます。自分以外を裁いているつもりでも、自分自身のことも同時に裁いており、逆に、自分自身を裁いているとき、自分以外も裁いて責めています。なぜなら、世界全体は互いに深くつながり合っているからです。

裁いて責める瞬間、私たちの全身全霊は縮まります。生命の光の躍動はストップします。一度、何かを裁いたなら、私たちの成長発展は止まります。

裁くとは、「魂の膠着状態」を意味しています。生命の流動が止まり、もっと素晴らしくなっていきたいと精進することが止まるのです。

裁くことを完全にやめることができ、判断評価をしなくなったなら、それはあなたがエゴの支配下から離脱できたことであり、あなたもスピリチュアルな存在（＝神）になったということです。

神とは、生命が流れていく躍動のことです。

あなたが神々と共にスピリチュアルな道を歩みたいなら、生命の流動をジャマしないようにして下さい。


私たちは、時として、自分の具体的な経験や出来事に対してはもちろんのこと、そこから生じるネガティブな感情に対しても、無意識に裁いて責めることがあります。

自分の在り方や他者の在り方にも裁きをし、それによって生じる辛さ・苦しさの感情に対しても裁いて責めることがあります。

「こんな苦しい感覚はダメだ」と、裁きの心を起こします。そういった無意識に裁いてしまう心が、自分自身の生きるパワーや生命力を、ますますダウンさせていきます。

裁く心の源になっているのは「価値観」です。たとえ、それが「正義感」や「倫理道徳」の面で正当化されたものであっても、あるいは、「良かれと思って」というような「ある種の善意」から正当化されたものであっても、裁く心そのものはネガティブなエネルギーです。

そういった裁く心になるような「価値感」を、私たちが全て手放して他者を見る時、一切の判断評価もなしに（色眼鏡なしに）他者に関わる時、一切裁くことなしにただ関わる時、そこには否定のない「真の出会い」が起こり、お互いの生命エネルギーが「ひとつ」になります。これが和合で、交合です。とても美しい生きる喜びの交感です。

「汝、裁くなかれ」とイエスキリストは言ったそうですが、まさに名言です。

裁く心を無くすための特効薬は、無条件の「ゆるしと祝福」しかありません。無条件のゆるしと祝福は、どんなにひどい裁きの心でさえも、発展的なエネルギーへと変容させる力があるのです。

愛の抑圧が「恐れ」

プログラムとか洗脳と言っても良いのですが、「闘う」ということを私たちはずっと世間一般から刷り込まれてきています。より良く生きるためには他人を蹴落とすとか、あるいは、何か負けてはいけないとか、勝ち抜くとか、そういうファイティングモードにさせられ、肉体にもそのようにさせていています。気持ちも意識も常に戦闘態勢にあるわけです。和合していくとか、お互いに愛し合うとか、全てに対してそれができなくなっています。

コロナウイルス騒ぎに代表されるように、「恐れ」というものが一番の問題点ですが、「恐れるな」と言っても、恐れの波動をつくってしまっていますから、それを抑えることは無理なのですが、ただ、恐れの正体を見ていけば、恐れを恐がることは減っていくと思います。

実は、宇宙には、恐れというものがあるわけではなく、恐れだと「教え込まれたもの」が存在するだけです。それがいったいどんなエネルギーなのかを知って頂こうと思います。


もともと、私たちは命を頂いて、命の循環によってカラダも保たれ、意識も保たれているわけですが、意識を創り、カラダを創っている元素とでも言いましょうか、それが光の粒々なのです。素粒子と言ってもよいですし、量子と言ってもよいですが、この光の粒々は宇宙の中心からビッグバンによって生じたものです。今もそれはずっと私たちのところに与えられて、そして、古くなった光は虚空へ引っ込んで、また、新しい光が与えられて、というふうにリサイクルされているわけですが、その営みのベースにあるのが愛なのです。

より素晴らしく生かしてあげよう、もっともっと伸びやかに発展させてあげようという強烈な愛が光の粒々には入っています。とにかく、どうしようもなく、全てを生かそうとしている、この愛が生命力の本質になっていますし、自然治癒力としても働いています。

何ひとつとして拒絶せず、全てを調和のもとに永遠に生かそうとしている最高の愛、その叡智を生命の光がもともと持っていますので、身体にしても、意識にしても、生命の光が全てを新しく創り直していくわけです。

そして、創り直したものはいったん壊して、またさらなる新しいものを誕生させていくという、この「生命のリサイクル」が愛だとすると、崩壊からは必ず再生が起こるのですから、崩壊も愛なのだと気付くべきです。

この再生と崩壊のサイクルそのものが愛であるのだから、愛がずっと作動している中の、いったいどこに恐れがあるというのでしょうか。

ここでようやく恐れに関する誤解を解きたいのですが、恐れというのは、愛のサイクルをグーッと抑圧した状態のことなのです。

愛が動かなくなった、愛の思いが循環しなくなったこと、それを恐れと呼んでいます。ですから、恐れというものがあるわけではないのです。

あなたが愛を放出して、愛を感じていくならば、恐れの状態は自動的に消えるのですが、どういうわけか、ほとんどの人が愛ということに関してあまり意識が向かなくなってしまっており、愛のサイクルを抑圧することばっかりをやってきています。自らが、あらゆる全てに対して「愛で向き合っていく」ということを本当にやってこなくなっています。ですから、恐れの状態が残存しているのです。

恐れという状態は、常にファイティングモードです。常に、ピリピリしています。すでに自分で敵を作っているわけです。勝手に誰かを敵だとみなして、恐いから闘おうとするか、あるいは逃げようとします。

愛とは何でしょうか。

実は、愛とは非常に強いエネルギーの状態です。宇宙の元素だからです。それはストロングではなく、無敵の状態で、敵が居ないということです。敵が居ないのだから、勝ち負けもなく、ずっと強いままです。

ところが、ストロングの場合は、もっとストロングなものが出てきたなら、負けてしまうわけです。しかし、敵がいないということが最強だとすると、愛とは敵がいないことを言うのです。

ということは、**何かを敵だとみなした段階で、もう愛ではなくなるわけです。**

コロナウイルスもそうです。敵だと思った段階で、何か恐ろしい敵だと思った段階で、そうなってしまいます。それを教えるために、このウイルスが物理世界にバイブレーションとして存在し始めたわけです。

今、闘うということを本当にやめる時代に入ろうとしています。今までの私たちは、命の使い方を、闘いの方向に持って来ていたのですが、これからは、闘いの方向ではなくて、１００％愛の方向に持っていく時代なのです。

本当に霊的な部分、魂の部分としての愛なのです。感情としての愛情を超えた虚空の愛です。全てに対して、あらゆる全てに対しての公平な愛です。ウイルスも、細菌も、小さな動物も、あらゆる生命存在、あらゆるバイブレーション存在に対して、自分たちが愛を放出していくということです。

この愛の動きの巡りによって、お互いがさらに進化していくという、そのシステムに入ろうとしていますので、敵対するという心と目線を完全にやめる時期なのです。

飢餓感（不足感）

世界中の人が多かれ少なかれ、心の中に強い飢餓感を抱えていると思いませんか？

まず、食べ物に対する飢餓感があります。愛情への飢餓感があります。お金や富や財産への飢餓感。有名になることや名誉への飢餓感。健康への飢餓感。異性への飢餓感。そして、意外な盲点ですが、霊的な覚醒や悟りに対する飢餓感。

人生における悩みの種類が何であろうと、内側を探れば、ほとんどの人が何かに対する飢餓感を抱えているわけです。この飢餓感を埋める行為で、一生を終えてしまう方たちがほとんどではないでしょうか。

今世で満たせないなら、天国でとか、来世こそ満たそうという欲望になります。ずっと、ずっと、この繰り返しです。

しかし、はっきり申し上げて、**外側を満たしても解決にはなりません。飢餓感は「内面」にあるからです。**

経験した方なら納得して頂けるはずですが、飢餓感をなくそうとして、何かを食べて、食べて、さらに食べてみても、内なる飢餓感はなくならなかったのではないでしょうか？

外側にいる他の人から愛情をもらっても、さらにもらっても、お金を得ても得ても、やっと完全に健康になっても、ステキな人と結婚しても、元気な子供に恵まれても、なぜか「何かが足りない感じ」「どこか不足な感じ」「大切なことを忘れている感じ」というような飢餓感が常につきまとっているのではないでしょうか。

つまり、外から得るものは、飢餓感の解決にならないということです。

それは一体どうしてでしょう?

私は、ずっとこの疑問の答えを手さぐりで探してきました。

実に長い旅でした。

そして、**「肉体レベル」および「霊的なレベル」、この両方のレベルで深く満足することなくして、飢餓感は絶対に消えないことが分かりました。**

では、この両方のレベル(霊魂と肉体)において、私たちの飢餓感を完全に満たす「何か」とは?

まずは、感謝です。今ここという「存在の場」は、新しい光の恵みを頂いて成り立っていますが、この場に存在させてもらっていることへの感謝です。


全ての悩みは、飢餓感(不足感)の波動の中で起こります。そして、必ず感謝が無いときに、飢餓感(不足感)が生まれるのです。自らの中に流れてくれている「命」「呼吸」に対して、あなたはちゃんと感謝をしているでしょうか?

飢餓感が存在しているというよりも、感謝の欠如があるだけです。命の流れにちゃんと感謝したら、自然にイキイキしてきます。そして飢餓感が消えます。

飢餓感が消えたなら、さらに内面が豊かになるために、もっと深く満足するために、やはり、あらゆる全ての弥栄発展に対して、自らが率先して貢献していくぞという意気込みで生きることです。

「なーんだ」と思わないで下さい。物理学的な見地からも説明できることなのです。その意気込みこそ、私たちの内面（＝魂）と生命力を躍動させるものは他に無いのです。

霊魂と肉体の両方のレベルにおいて、私たちは深く満足できます。

ところが、最後にもうひとつ、重要なことを思い出して頂かねばなりません。

私たちに最も多大な飢餓感をもたらし、最も不足感や不安をもたらしている「究極の根本原因」がまだあることを忘れてはならないのです。

もう、お分かりになった方もいらっしゃるでしょうが、「いつか私たちは死なねばならない」という思い込み（プログラム）、そんなものが少しでも残っていれば、私たちの魂も肉体も縮みあがってしまい、飢餓感や不足感や不安がずっとつきまとい、消えることはありません。

ここのところを忘れないで頂きたいのです。

第6章

思考の分断がつくる不幸感

「真法」と「魔法」

私たちは魂としての存在であるゆえに、過去からの悠久の時の流れを生きてきました。今回の人生だけでなく、無数の人生を色々な肉体を通じて経験してきました。その中で、呪術（魔術・魔法）に関わりを持って生きたことも一度や二度ではありません。

少なからず、ほとんどの人が、無意識であれ意識的であれ、呪術を使ってきましたし、その呪術の効能は今も解けていません。自分のため、わが村のため、わが国のため、呪術を使い、相手をダメにすることをイノリ続けてきたのです。このような「逆イノリ」は、相手に対して行ったつもりでも、自らにも呪術の効能が降りかかるのです。

いずれにしても、このような魔術や魔法が継続していいわけがありませんから、いつかは必ず解かねばなりませんが、それを解くことができるのは、ご本人の素直で真摯な「全体繁栄」へのイノリだけです。

特別な力を持つヒーラーやシャーマンでなければ呪術を外せないというのは真っ赤なウソです。どうぞ、自らがまいた呪術の種を神としてのイノリによって光へと戻して下さい。

私事ですが、ある日、セミナーに参加された皆様へメールを送ろうとして「皆様へ」と書こうとした瞬間のことでした。なぜか、私の意志とは関係なく、手だけが勝手に動いて「ハリーポッター」と書いてしまったのです。

「ハ、ハリーポッターって……」と、呆然としていたら、ハイアーセルフからひっそりとメッセージが来ました。

『この広大な宇宙には、ハリーポッターの映画にも出てくる〝まほう省〟なるものが存在する』と伝えてきました。

突然のことでしたし、まほう省などというものは、物語のストーリーの中にあるものだと思っていましたから「はぁ?」と、にわかには信じられませんでした。

私は「魔法省はバーチャルな世界の創作物であって、万が一、宇宙に魔法省があるにしても、もう呪術の世界には興味はありません」と、明確な意識で伝えました。

それでも、『ただし……』と、メッセージの声は続くのです。『勘違いしてはならない。〝まほう〟とは、魔法のことではなく、真法である』と。


メッセージはさらに続きました。

『あなたたちが自我ゼロになり、弥栄のイノリに意識をフックすると、自然に真法が動きだす。神聖幾何学と言おうが、創造システムと言おうが、真法それ自体が生きて動き出すのだ。「法」という字が付いているが、地上の法律や、人工的な法則などと一緒にするな。それらは、本当は生きていないのだから。

そして、自分が真法を使うと思った瞬間、それは**魔法**や**魔術**に変質低下する。

分かりやすく言うと、自分が歩くと思った瞬間、魔法・魔術になる。神々の真法へのジャマをする。

いいか、よく聞くのだ。かねがね言ってきたように、自分個人が歩いているのではなく「歩み」が起こっているのだ。つまり、**神の歩み（真法）**が起こっているのだ。

自分個人が昇華されて自我ゼロになり、個人的な低い波動が変容して、愛と喜びの全体意識にまでシフトするなら、ようやく全面的に**神の真法**が動き出せるのだ。あなたたちの内なる神々（真の自分）が出陣できるのだ。これが天孫降臨なのだ。すなわち、**神界の真法省は、色々な〝神材〟の派遣を管轄する所である。**

地上界に起こるべき作用を起こす〝神材〟は、各自の中に派遣され、なすべきことを為す〝神材〟は、各自の中に派遣される。それが全てを行う。

あなたたちが、過去から今日まで、弥栄発展に関する物事をずっと継続することが出来なかったのは、そして、積み重ねることが面倒になったのは「自分が」やろうとしてきたからだ。

「自分でアレコレをするのだ」「自分が継続するのだ」「自分が続けるのだ」そのような思いは、念力魔法でしかない。だから、うまくいかないのだ。継続の神（オオヤマツミノカミ）が去っていくのだ。真法省から「撤退せよ」と通達が来る。

もともと、あらゆる全ては神々による「継続の真法」のおかげで起こるのであり、神々によって「積み重ねの真法」が起こるだけである。真法とは神法なり。神界法則のことだ。

これでもまだ「神など怪しい」と思うのか？　これでもまだ「個の自分だけが居る」と思うのか？』

メッセージの翻訳は、以上が精一杯ですが、私に訪れたその時の音声は、細胞の奥にまでストンと落ち、直感的に充分理解できました。

死よりも恐い「MAXの恐れ」とは？

意外なことがあります。実は、多くの方が、自らの心の底（深層意識）に、死する以上に恐がっている〝コト〟を隠し持っています。ですから、そのパンドラの箱のフタを開けるくらいなら、過去からずっと何度も繰り返している「死の経験」のほうがずっと安心できるから、やり慣れたほうを選ぶのです。

箱のフタを開けると、その心底からはどんな恐怖が顔を出すと思いますか？

実は「神などウソだ。人間だし、人間のままでいい」という思いの奥には【MAXの恐れ】が隠されており、それが何かと言いますと、【永遠無限性】という神の本質への恐れです。

つくづく分かったことですが、人類共通の恐れの根源はたったひとつ、永遠無限という宇宙創造主の本質、および「私たち神魂の本質」への恐れであり、他の恐れは全てその応用です。しかも恐れのエネルギーは、最も自己破壊的なエネルギーですので、私たちの魂やカラダにとって何ひとつ役には立ちません。早く浄化して、手放してしまうことです。

多くの方々は、弥栄創造の素材である生命力の光の循環を恐がり、生命力が持っている素晴らしい「永遠無限性」を死ぬほど恐がっています。

「恐がってなどいませんよ。なぜなら、永遠無限性など概念の話でしょ？　夢物語でしょ？」というお声も耳にします。

しかし、誰が何と言おうとも、**全ての生命存在の中核になっているのは、永遠無限性なのです。**全てが永遠無限性から生まれ、それによって復活再生させてもらっています。そして、私たちの魂の根本中核には、その永遠無限性がチャージされています。

「百歩譲って、魂はそうかもしれない。しかし、肉体の永遠無限性などありえない」と、おっしゃるかもしれません。しかし、それは肉体を物質としてしか見ていないからであり、時間というものを直線的に考えていた時代の稚拙な理論です。

色々な理由があるにせよ、多くの人が無意識に、生命の循環（メビウスの輪）のベースになっている永遠無限性を恐がっています。しかし、それは、永遠無限性という愛を否定して抑え込んでしまうから、恐いという感覚になるだけです。

皆様は「私は永遠無限性を恐れている」という事実から目をそむけないで、永遠無限性とは何なのか、それが私たちの本質かどうか、そこに誠意をもって向き合うだけの「自分への愛」はあるでしょうか？

永遠無限性という創造の本質に好奇心を持ち、目をそらさずに純粋な興味と好奇心を持つなら、そのパンドラの箱は楽しく開きます。

宇宙全体が生命への愛から創られましたが、愛とは時間も空間も超えるものであり、永遠無限性のことを言うのです。そしてこの永遠無限性の波動が、全てを創って発展させていく元素波動（素音）になっています。

「人間」と「神」との相違は、この永遠無限性だけですが、その永遠無限性を恐がるなら、私たちは弥栄な世界を創造することに対して大きな壁をつくることになるのです。

今のところ、人類の色々な恐怖の中でも、この永遠無限性に対する不気味さが最も根深い恐怖になっているようです。

しかし、もともとの私たちは、永遠無限性を恐怖していたわけではなく、「畏怖の念」を抱いていたのです。つまり、永遠無限性という偉大なものを敬う心でした。

その「畏怖の念」が「恐怖心」にすり替わってしまったのは、自分自身が神の波動から人間エゴの波動に低下してしまったためです。それは「自分など、神のように立派ではない。生きるに値しないかもしれない」と、どこかで思うようになってしまったからです。

永遠無限性が恐いから、その反動で、やり慣れた「死」を選ぶという人生パターン、それは「死」を仕方なく選んでいるだけです。しかし、私たちの生命力の本質は、どこまでも伸びていこうとする弥栄発展の本質でしかありません。

皆様も、栄えることや発展進化は嫌いではないはずですよね？　まさか、不幸や苦痛を本気で好きではないですよね？

しかし、全ての弥栄発展を創り出す「愛の力」としての永遠無限性は、なぜ恐がるのでしょう？

あなたが永遠無限性を恐がると、魂の発展進化は止まり、生命力も弱まり、現実的な弥栄繁栄を創ることが困難になります。

本当に世の中がイキイキとし生命力であふれ、弥栄発展を創造して、物理的な繁栄が進むことをあなたが本当に望むならば、個人的な「死」とか「寿命」という考えを手放すことです。つまり金輪際、死や寿命や短命を考えないことです。と同時に、「長ーく生きる」という考え（長寿の考え）も手放すことです。

生も死も、どちらの考えにも片寄らず、えこひいきせず、**その両方の働きを「超える」ことで、私たちは生&死のメビウスシステムを扱う「全創造の頂点」に返り咲くのです。**

どうか世間一般の思い込みから離れ、生&死を科学的に正しくご理解下さい。生と死を別々に切り離して考えないことです。一対の夫婦であり、双子です。今ここで、同時に生と死とが働いてくれるシステムのおかげで、新しい私たちと、新しい時空間が生み出されているのです。

この生&死が一対になったメビウスシステムこそが、宇宙発展の根本原理（創造原理）です。

生命のグリッド（光の格子）

肉体は肉体同士の見えないネットワークがあります。もし、あなたが自分の肉体に対して「いずれは死ぬ」という見方をするなら、それはプログラム情報として入力されるだけでなく、他の肉体にもその情報が「ネットワーク経由」で流れていき、同じように「肉体死」の概念が入力されます。実際のSNSやラインを使わなくても、情報は伝搬するのです。

このように、自分の内面は、必ず他の方々の内面にも影響を与えます。別々に存在しているように見えても、意識同士もネットワークでつながっているからです。

このＷＥＢネットワークですが、いろいろな意識の「電流」が流れる多重構造の格子ラインみたいなもので、グリッドと呼ばれます。グリッドは地球を包み込むオーラのようなもので、電磁的な要素によって、物理次元と密接に連結しています。

もし、地球上に「たった一匹」しかいない虫の種があって、それが未開の地のどこかに生きている虫であったとしても、虫のグリッドは地球全体を包み込んでいるのです。そうでなければ、虫は存在できないのです。そして、小さな一匹の虫が、地球全体に影響を及ぼすことができるのです。小さい体をしているからといってバカにしないで下さい。小さなさざ波も、地球全体をおおっていくのです。

私たちも、意識のグリッドなしにはこの地球に存在できませんが、「どの意識」のグリッドに「同調」するかを意識的に選択できる時代になってきました。

今のところ、多くの人がつかまっているのは、一般常識（社会意識）のグリッドです。別の言い方をすれば、人間自我グリッドです。

このグリッドは、古いトンネルに入るようなもので、過去に私たちが創った「直線時間の流れ」と並行しているため、どうしても限界や制限から脱却できないのです。

自分自身の意識がとても不自由になりますし、不安で、退屈で、ワクワクしない人生を繰り返すばかりです。しかし、今だに多くの人が古いプログラムのグリッドにつながっているために、他の人たちの意識も混乱や不安に向かわせ、地上での現実もそのように創ってしまいます。

今ほど、大きく意識を変えなくてはならない時代はありませんが、うれしいことに、地球の周囲にはすでに「新しいグリッド」が用意され、そこに高次元の意識の情報が均一に流れています。

新しいグリッドは21世紀になる前に完成したようですが、創造の叡智・秘密・神通力が常に流れています。この新しいグリッドは、大気圏の外の真空（無の空間）にあって、最も質の高い愛の波動を地球にもたらして、これからの神界の時代をかたちづくるための、意識の鋳型（ひな型）となるグリッドです。

もしも、この新しいグリッドが存在しなかったなら、私たちは誰ひとりとして、意識の進化が起きず、弥栄の意識へと到達できないのです。


もうお分かりになったと思いますが、今までと同じ考え方、古い価値観や常識、それらにしがみつこうとすればするほど、人間自我のグリッドから離脱できず、新しい人生と新しいあなた自身を経験できないのです。

新しいグリッドに流れている高次の神意識は、「我々と君たち」とか、「私と君」というような二極化の分断した視点を持っていません。全ての生命を通じて活動している大いなるひとつの意識しかないのです。弥栄発展を創造する神意識です。

その全一な意識は、不死の意識（永眠しない意識）であり、私たち全員が早く永遠無限の不死の意識に戻れるよう、望んでくれています。

古いグリッドのトンネルから出て、新しい神界グリッドに連結していくには、死のプログラムを完全に手放し、自らの人生に対する「生き様」を明確に意図して、イキイキした愛の意識で生きて下さい。

「そうしよう！」と本気で覚悟すると、そうなります。

最古の傷と罪悪感

私たちの意識の最古層に隠されているのは、魂の「最古の傷」と「最古の罪悪感」です。

この最古の傷に向き合い、私たち本来の永遠無限の愛に戻さない場合は、皆様の今後の生活の中で再び罪悪感の種子は育っていきます。

どんなに弥栄発展を意図して、声に出して宣言したところで、あなたの無意識や潜在意識に「最古の傷・罪悪感」が残っていれば、それが固い岩戸となり、伸び栄えようとする生命の光は抑え込まれてしまうのです。

ご神事そのものや、神事という表現が好きではない方、神というものに対して迷信だと感じる方、何となく疑惑が湧く方、神というコトバを聞くだけで緊張する方、そんな方々に申し上げたいのです。その原因は「最古の傷」の罪悪感にあるのだと……。

ここまで読まれてもピンと来ない方は、内省のタイミングではないかもしれません。しかし、神とか神界という表現を見聞きするたび、内面の深いところがズキッとしたり、チクチクする方は、「最古の傷」を見つけてアクセスできる貴重なタイミングです。

最古の傷を「原初の傷」とも申しています。

私たちは光の神魂として生み出され、地上界を弥栄な世界にするべく、肉体を持ったミコトとして地球に降臨したわけです。

しかし、その超古代においてさえ、全神共通の「弥栄に奉仕する意志」に反旗をひるがえす神たち（ミコトたち）が出てきました。 そして、仲間割れになり、初めて神々の間で「肉体の殺し合い」が起こりました。

それが私たち神魂にとっての「原初の傷」になったのです。全一愛だった神の魂が分断の意識になり、強烈な怒りと孤立感と不信感が芽生えました。

肉体の殺し合いにまで至ったため、お互いへの憎悪と、殺してしまったことへの罪悪感と、ただ傍観するしかなかった者たちの自己卑下によって、その場に関わった神々全員の肉体細胞は変質低下してしまいました。

この瞬間から、「神々の肉体」は常若の永遠無限ではなくなったのです。 と同時に、罪悪感や怒りに包まれた魂も、本来のアッパレで晴れやかな光の輝きを無くして、どんよりと曇った魂になっていったのです。

その結果、何が起こったと思いますか？　罪悪感だらけの低い波動の魂になってしまった私たちは、**肉体を死滅させるようになったばかりか、その肉体から出たあとも、神界へと戻ることができなくなったのです。** 自らの罪悪感によって、神界へ入る許可を降ろせなくなったのです。

神界へ入ることができないならば、新しい魂としてよみがえることや、新しく次々と変容することができなくなるのです。**魂の変容進化が可能になるのは、神界の中にある「生&死のメビウスシステム」を稼働させることによってです。**

低い波動の魂が肉体を失ったあとに向かう行き先は、幽界しかありません。幽界での魂は、ただ休眠させてもらえるだけです。ここが世間の方が考えているバーチャルなあの世です。

この「原初の傷」以降、永遠無限の肉体ではなくなったわけですが、この時点で肉体死というプログラムが入力されたわけです。古事記にも明確には書かれていない神代の時の話ですが、単なる神話とかフィクションではなく、本当に私たちの神魂の歴史です。

肉体死のプログラムが入力されると、永遠無限の生命力（神ＤＮＡ）に傷がつき、それはそのまま自己破壊ＤＮＡ（死への衝動）に変質します。

そして、自己破壊ＤＮＡから自分自身を守ろうとして、「防衛パターン」が生まれるのも自然の成り行きでした。この防衛パターンが、人間自我の特徴なのです。

つまり、自我はまさに「防衛パターン」ということです。コロナウイルスへの「抵抗する力」をつけようとするのも、防衛パターンの現れです。

防衛パターンであるから、常に緊張し、戦闘モードになっています。生きることにピリピリしています。常に感情が興奮した状態にあり、アドレナリン中毒になってしまいます。

私も、ついつい自我を悪者にしがちでしたが、自我の由来や特徴を知るにつれ、自我なりに今まで一生懸命頑張ってきたのだと理解できましたし、自我を誤解していたことに関して心から申し訳なく思いました。

そして、肉体死のプログラムがある限り、私たちが肉体死を信じ込む限り「防衛パターン」であ

る自我はその役割を終えることができないのです。したがって、そんな自我が愛の光に戻ることは不可能なのです。

肉体死のプログラムがある限り、防衛パターンは自動的に続きますので、今こそ積極的に「原初の傷」に向き合って、その時の罪悪感と怒りをご自分の魂から昇華（浄化）させなくてはなりません。これを魂の禊（みそぎ）と言います。

死のプログラムがあると、無意識に「死への衝動」が湧きます。結果的に、新しいものへの好奇心が薄れます。

新しい出会い、さらなる新しい繋栄、新しい気付き、未知の世界、全てがどうでもよくなるのです。死への衝動があるために、日々を生きることにもウンザリし、仕事にも家事にもウンザリし、人との関係にもウンザリする。このウンザリする反応から「面倒くさい」という思いが生まれるのです。

さらに、死のプログラムによって、しょっちゅう「死んでしまいたい」という重苦しい気分や衝動が湧きます。その結果、やたらと「淋しい」という孤立した感情も湧きます。

多くの方が錯覚していることですが、例えば、家族を亡くしたり（失くしたり）、友人を亡くしたり（失くしたり）、大切な人を亡くした（失くした）場合、「なくしたことが原因で、淋しくなったり、後追い死をしたくなるのだ」と思い込んでいます。しかし、これは原因と結果が逆なのです。そのような離別の出来事が起こる前に、すでにご本人の中に、「死んでしまいたい」という衝動がスタンバイしており「とても淋しい」「孤独だ」がスタンバイしているのです。そして出番を待っています。

ですから、死のプログラムがある限り、ご本人のあらゆる時や場を通じて、死への衝動が湧くような「実際の出来事」を創ってしまうということです。

第7章

「ゆるす」ということ

神に成り代わって「赦し」を実行する

各自が素晴らしい才能の花を咲かせながら、宇宙全体や世間に貢献できるような実をつけるにはどうすればよいのでしょうか?

あなたがすることといったら、全ての方々に向けてのイノリをベースにし、神としての言動を行っていくだけです。

日々、全ての方々へのあなたのイノリが反復されていくにつれ、イノリの質は確実に深く高くなり、あなたの全身全霊の波動が上がり、魂の透明度が確実に増すのです。より輝かしい魂へと「神化」します。これが魂の精進ですが、そのことによって、私たちの内なる神界もグレードアップするのです。

ここで、疑問が湧く方もあると思います。「各自、自分のことは自分でいのれば、それでいいのではないか」という考え方です。自我が好きそうな考え方です。

しかし、「内側の」イノリのエネルギーは、誰かに向かって「外側へ」放出されるからこそ動くことができ、神の働きとして作用するのです。イノリ合うことで、天意のエネルギーはお互いの間をメビウスの輪のように循環し、永遠無限に弥栄発展を創り続けます。

「でも、相手がいのってくれるとは限らないし、相手からのイノリを強要することはできないから、自分からの一方通行になるだけでは?」と思われるかもしれませんが、あなたの本気のイノリは、相手の中核の神魂に必ず届き、相手の自我には分からなくても、その中核の神魂からは必ず「イ

読者アンケート

本書をお買上げいただきましてありがとうございました。

今後の本づくりに際しまして、みなさまのご意見をお聞かせいただきたく

アンケートにご協力をお願いします。

弊社出版本を抽選で300人様にプレゼント！

① 今、1番興味あることを教えてください！

② 今後、やりたいことは何ですか？ 例：世界一周旅行　起業　講演

③ 今、学んでいることはありますか？ どんなことですか？

例：人生を豊かにするワークショップ　資格の勉強

170-0005　東京都豊島区南大塚3-53-2 大塚タウンビル3階　（株）三楽舎プロダクション

tel 03-5957-7783　fax 03-5957-7784　mail hk@sanrakusha.jp

下記の項目にご記入いただきFAX・ご郵送・メールいずれかに※①②③の回答を書いてご送信ください。

お名前

ご住所

mail

プレゼント希望書籍名

※後日メールマガジンが届くことがございますのでご了承ください。

ノリ返し」が起こります。ですから、一方通行ではありませんん。あなたが全体に向けてのイノリを続けていれば、充分なのです。


ここで、「許し」と「赦し」のニュアンスの違いを述べておきます。

「許し」は、許可するというような意味合いがあり、行為や行動の前段階でのことです。「赦し」は、すでに起こってしまった出来事に対して、恩赦をしたり、裁かずに受け入れることを意味します。

そして、私がここでお伝えしたいのは、「赦し」のほうです。


恥ずかしながら私の体験ですが、ある事が原因で、ある人物にかなりの憎しみを感じるようになったことがありました。

それはいやな感覚でしたので、何とかしようと努力しました。「あの人を愛さなきゃ。好きにならなきゃ。祈らなきゃ」という思いで、必死に頑張っていました。

嫌いな相手を何とかして好きになろうとして、嫌いな相手でも何とかして弥栄のイノリをしないとダメだと思っていましたが、結局、それは無理でした。**嫌いなままでは、エネルギーは動かないのです。**

そんなある日、師の一人が深い気付きを下さったのです。その師から「愛そうとか、相手のためにいのろうとしても、それは無理だよ。なぜだか分かるかな？　あなたが相手を赦していないからだよ。**いのる前に、愛する前に、先ずは相手を赦すことだよ**」と言われたのです。

その瞬間、物事の神髄が魂に突き刺さり、「あ、なるほど」と腑に落ちて、一瞬で心身ともに救われました。

赦すとは、決して「上から目線」で行うことでもないし、相手が間違っていて自分が正しいから赦すということでもない……。

「ただ、赦す」と私が思った瞬間、その赦しが自分自身を楽にし、全身全霊をゆるませてくれて、思ってもみなかった純粋な愛が自動的に流れはじめるのを実感できました！

さらに「ゆるせない」も「ゆるす」も、単なる選択でしかないと腑に落ちたとき、じゃあ「ゆるす」ことを選択していこうと、シンプルに思えたのです。


その数日後、ハイアーセルフからメッセージが降りてきました。

「赦しの極意というか、秘伝であるが、過去に何度も言ってきた通り、皆それぞれが『神の自覚』をせずして、憎いと感じた相手を赦すことなど不可能だ。神だけが赦しを行えるのだ」……と。

その通りでした。個人的な自分のままでは、いかなる技法を使おうが、絶対に相手を赦すことなど出来ません。しかし、神界の神々に成り切って相手を赦す、神に成り代わって相手を赦す、神の自覚をして相手を赦す、これならできそうではないですか？

でも「神の自覚をするなんて、そんな偉そうなことは無理」とか「神の自覚をし続けると、自分じゃなくなる感じで恐い」という声が聞こえそうですが、何を勘違いされていますか？　神こそ、あなた自身ではないですか。

実は、自分のことを赦していないから、神魂に戻ることができないでいるのです。

ですから、真っ先に自分自身を無条件に赦して、今すぐ神の自覚に戻る、これが「赦しの極意」

です。

自分を赦すことで、神の自覚が楽にできるようになり、神の自覚が身につくならば、相手を赦すことは比較的簡単にできます。

神の自覚、神魂の自覚、真の自己としての自覚を意識の中心にしていかない限り、ずっと人間エゴのままで「ジリ貧」に向かうだけであり、進化変容など起きるはずがありません。

令和になってからは特に、地球のバイブレーションも宇宙のバイブレーションも上がっています。神の自覚をしやすくなっており、本来の神魂の輝きに戻りやすくなっています。

どうか今こそ神魂として覚醒し、常に自覚を維持していて下さい。

自分の全てを赦して祝い、他の全ての方々のことも赦して祝うことができていれば、当然ながら生命の自然治癒力も充分に発揮されていきます。

そうなれば、コロナウイルスなどに関しても、あまり恐がることはありません。本当に大丈夫です。万が一、陽性になっても、「赦しのワーク」を徹底的に行っていれば、浄化が進み、大きな事態にはなりません。

「なんであんなイイ人が?」という声を耳にしますが、「イイ人」というのは、内面に罪悪感を持っていることが多く、その分だけイイ人であろうと努力します。そんな自己演出のために生命力を使っているので、自然治癒力が低いのです。イイ人であるために、常に自分自身をジャッジしていますから、生命力は下がり、細胞は傷ついていきます。

負のカルマの回収

私たちは、過去世からずっと自分個人を中心に生きてきているため、愛ではない沢山の影響を人々に与え続けてきています。肉体を通じての行為ではなくても、幽体（幽魂）を通じて殺人を犯してきています。そして罪悪感を持ち続けています。この罪悪感のバイブレーションを改めることで、私たちの人生は激しく変化します。

たった今、コップの水をこぼして、すぐにタオルでふき取るならば、カルマにはならないのですが、こぼしっぱなしのまま、さらにもっと沢山のコップの水を（無意識に）こぼし続けてきているため、歴史的なカルマになっています。

たった今のあなたが、目前のコップの水をこぼしたことに気付いて、今の間違いを改めればいいというだけでは解決できるものではなくなっています。

自分が過去世からずっと与えてきた多大な影響に関して、そのエネルギー全てを回収し、赦し、根源の創造主の愛にまで戻すという「浄化の実行」を通じてのみ、解決されます。

ただし、個人的な自分という枠を全て超えない限り、絶対に赦しを実行することはできません。

神魂としての「自覚」だけを強め続ける、二度と「個人の心」に戻らない、これが何よりも大事なことです。

私たちは皆、個人の言い分を中心に生きてきたことで、神界が創ろうとしていた現実をことごとくジャマしてきたわけです。その根深いカルマを解消するためには、愛ではない影響を他者に与えてしまった「最初の自分」を見付け出し、その時の究極の傷を赦していくしかありません。他者を憎み、嫌う自分、そんな自分が出てきたら、それは過去の自我なのです。

そして、今を生きているあなたは（無意識に）、その「過去の自分の目」を通じて今の相手を見ているわけです。あなたが見ている今の相手は「過去の自分の目」から見た「過去の相手の姿」にすぎないのです。

カルマによって、今回の人生でもまた出会った二人ですが、お互いが「過去の自分」の視点からしか相手を観察していません。

ですから、まずは「過去の自分」の目線であることに気付くことです。「ああ、そんなふうに相手を見ていたのか。だから憎んでいたのか」と、客観的に気付くことです。

自分は正しくて、だから相手を憎んで罰したいという善悪ドラマのストーリー、これをずっと演じたがっている過去の自分がいることに気付いて下さい。

気付いたなら、過去の自分（視点）からすぐに出て、中心の愛の視点に戻って下さい。そして、過去の自分と、過去の相手と、過去の憎悪ゲームの場（時空間）、その三つともを徹底的に赦して浄化して下さい。

その真摯な赦しに取り組む「実践ワーク」があってこそ、神界に秘められていた叡智と真理を授かり直すことができます。

「二つの旅」の統合

人生には二つの旅が用意されています。外へ向かう旅、そして内へ帰る旅の二つです。

家のことを「おうち」とも言い、わが家に帰ることを「うちへ帰る」と言うのはそのためです。

そのわが家とは、外にあるハウスのことではなく、内なる源泉、内なる中心である神界のことです。

まず、私たちは一つめの旅として外側の現象を観察する旅を経験します。本来は、時間も空間も超えた自由な神意識である私たちが、わざわざ時間と空間にしばられて、人間エゴとしての体験を増やしていきます。ただし、その最終ゴールには、魂の永眠と肉体死が待っています。

私たちは、一つめの旅で、ひたすら偽の自分であるキャラクターに同一化して生きていきます。

我欲丸出しであったり、それを恥じて罪悪感を持ったり、時には欲を隠したり、欲から逃げたりします。

しかし、禁欲は、神々の本意ではありません。いかなる欲であっても、本来は宇宙大生命の現れであるから、否定する必要はないのですが、欲エネルギーを自分中心の偏った使い方をすることで、全体繫栄を創造できるようなエネルギーではなくなります。

たとえば、欲エネルギーが「上位」の聖なる高次のほうにばかり偏って流れると、物理的な世界への「禁欲状態」となってしまいます。物に執着しないというカタチにはなっているかもしれませんが、欲エネルギーが創造の中心に統合されたわけではなく、低俗なままで未練がましく残ってしまい、物理次元への隠れた執着になっています。

逆に、欲エネルギーが「下位」の物理的な世界のほうにばかり偏って流れると、表面的な浅い快楽と興奮だけにとどまり、深い「霊的な満足」は絶対に起こりません。

ただし、低俗な下位への欲にも意味と価値がちゃんとあるのです。欲エネルギーが下位に偏って、充分に経験されることによって、その経験だけでは決して深い満足ができないと気付くために用意されているのです。

ですから、食欲・性欲・金銭欲・名誉欲・物欲などに執着しないことが「聖なる状態」なのではありません。低俗な欲への執着が完璧に「変容」して、聖なる全体愛という神の欲にまで「昇華」するためには、低俗な欲への執着そのものを自分に充分に赦し、あるがまま純粋に体験して超越していかねばならないのです。

愚直なまでに泥くさく向き合って、その欲に敬意と感謝と祝福を払うことによって、初めて「神の欲」「天の意」へと変容することができるのです。低俗な欲への拒絶や抑圧という偏りからは、何も学べず、無味乾燥な旅になるだけです。一つめの旅さえも卒業できないままになります。

多くの人が、この「一つめの旅」だけが人生を生きることだと勘違いしています。それだけでは真の自分自身や人生を知ったとはいえないのです。まことの人生、本物の旅は「二つめの旅」のほうです。しかし、それは必ず一つめの旅を経験したあとでなければ、本物だと分からないのです。

私たちは、今、意識の最高段階を迎えようとしていますが、ただ、そこから先は本気の覚悟と努力が注がれなくてはならないのです。二つめの旅は、本気から始まる真剣な旅であり、私たちの内なる真理へと帰っていく叡智の旅です。通常はこれを覚醒の旅と呼びますが、その最終ゴールには永遠無限の魂の生が待っています。

変容のために消えゆくもの

昨今の世情について「大倒産時代」と書かれている雑誌の記事がありました。それがいかにも不幸であるかのように認識して、不安になる方々が多数いらっしゃいますが、これは非常に「ゆがんだ見方」であり、第三の目（宇宙の視点）を封印した人類共通のカルマといってもいいのです。人類はすべからく魂の進化の階段を登る存在であり、その階段は生命の光の「法則性」が中心となっています。**つまり、生&死のメビウスによって、「変容」しながら階段を進むのです。**

「種」が「大木」にまで生育進化するには、種の姿や形を完全に捨てなくてはなりません。果実が実るためには、花が散らなくてはならないのです。私たちにとっても、新しいステージへの躍進のためには、変容は欠かせません。

この変容には、古きものがあとかたもなく「消えゆくこと」がついてまわります。宇宙発展の裏側には、必ず膨大な「消えゆくもの」が同時存在しています。「消えゆくこと」は、もっと進んでいくための素晴らしい法則性（メビウスシステム）です。

そして、「消えゆくもの」や「消えゆくこと」に関して、あなたが勝手に**不幸だと感じ取った「思い込みの合計」が、あなたの不幸の分量になっています。**

「じゃあ、それを不幸なことだと思わなければいいのね」というようなことでもありません。不幸という概念を意識の中にそのまま残しているならば、単に物事の「見方」「とらえ方」を変えたところで、根本的には何も変わらないからです。

「世の中には不幸が存在する」というような考えそのものが、宇宙からすれば全くの間違いであり、誤解だということに気付くだけの話です。

つまり、不幸という概念は、人間エゴによって人工的に作成されたものでしかありません。繊細かつ極端な例をあげますと、花が散っていくときに、私たちが悲しみや寂しさを感じることですら、宇宙的には「ゆがんだ波動」であり、弥栄発展とは全く逆のエネルギーを宇宙空間に刻み込んでしまいます。

花が散ってしまっても、花本人はうれしくてたまらないわけです。次々と変容することへのワクワクが止まらないからです。

「何もかもが、素晴らしい弥栄発展への方向性を持っている」と理解すること、消えゆくモノも消えゆくコトも決して不幸なのではなく、常に喜びいっぱいだと知ること、それがスピリチュアルな感性であり、宇宙の視点です。

私たちは、あらゆる一瞬一瞬において、弥栄の愛を見ることができるはずなのに、自分の前から「消えゆくもの」に対しては、非常に間違った思い込みをしてしまいました。そして、エゴイスティックなゆがんだ波動を宇宙全体に放ち、激しく刻み込んでしまいました。

今こそ、それら全てを回収し、そんな自分や他者をとことん赦し、二度とゆがんだ波動を生み出すことなく、愛と喜びと祝福を感じ続けていって下さい。

「いつだって自分の境遇は、弥栄発展の真っ最中であったのだ」と、気付き直して下さい。

過去にゆがんだ見方をし、ゆがんだ波動を放出したことに関しては、徹底的にご自分を赦して下さい。

あなた以外の何ものも、あなたを罰してはいませんので。

あがない（つぐない）をやめる！

2019年の冬至になった瞬間のことでしたが、実家の母が入院しました。いつどうなってもおかしくない状態です。

以前の私なら、瞬時に「悪いことが起きた！」「さあ、困った！」という目線になったと思います。

そして、その目線の通りに「悪いこと」になっていき、自分が「困る」ような現実となって長引いていくわけです。

ほんの少しであれ、「悪いことが起きた」という目線になった瞬間、私たちの内面に何が起きると思いますか？

必ず出来事の「原因さがし」「犯人さがし」をやり始めます。そして、何でもいいから犯人を仕立て上げて、否定と裁きを下すのです。

以前の私なら「こんな年末に入院するなんて！」と、母を少し否定したかもしれません。同時に「こんな現象を引き寄せてしまった自分なんて！」と、自分を裁いたと思います。それだけでなく「神も仏もいないのか！」などと、神仏をも否定したと思います。

しかし、悪いことが起きたという目線をやめる、つまり「目の奥を改める」と決意していましたし「金輪際、いかなる否定も裁きも二度としない」と、本気で決意していましたから、何も責めることなく、何も恨むことなく、そこに「神聖な目線」を持ち込み、母を赦し、自分自身を赦し、出来事そのものに関しても、なんら否定せず、祝福のイノリに変えることができました。

私たちが「辛い思い」をするような現実、それは宇宙からすれば非常に不自然な現実なのですが、そんな現実を創っているのは一体誰でしょう？

他でもない、自分自身です。それなのに、誰かや何かのせいにして、腹を立て、憎悪するばかりで、いつまでも「責任のがれ」をしているために、ますますひどくなっていきます。

いかなる物事も、自分以外の誰が創るというのでしょう？

不幸で不愉快な状態が、まるで自分以外の外側から持ち込まれたように見えても、そうさせたのは自分なのです。

もう、そろそろ気付きましょう。「全ての原因は自分だった」と気付いて受け止めるのです。他の何かのせいにはできません。だからといって、何かのせいにした自分を罰する必要も全くナイことに気付きましょう。赦す必要があるだけです。

原初の傷、西洋風に言うと原罪のことですが、それを超えるほどの罪悪感は宇宙のどこにもありません。それほど最大最強の罪悪感です。私たちの内奥には、それほどまでの深い罪悪感があり、それゆえに無意識に「贖罪（しょくざい）」「あがない」「罪滅ぼし」をしようとします。ゆるしがたき自分を可能な限り「ひどい目」にあわせることで、罪悪感をプラマイゼロで帳消しにしようとするのです。

ただし、罪悪感をそのままにして、いかなる善行や徳を積んでも、プラマイゼロにはなりません。劣等感を持ったまま、優越感で埋め合わせしようとしても、プラマイゼロにならないのと同じことです。

人を殺める事件を起こした青年が「ずっと刑務所に入りたかった」と言っていましたが、まさに彼も、超古代からの罪悪感をＤＮＡとして持ち越しており「あがない」をしたかったのです。

私たちも、多かれ少なかれ、彼と同じです。たとえ刑務所に入らなくても、例えば、自分を貧困に追い込むことを通じて、自分を病気にすることを通じて、あるいは自分を事故にあわせることを通じて、あるいは自分を他者から嫌わせることを通じて、最大の「あがない」をしようとします。自己バッシングを通じての「あがない」ですから、さらに心の痛みを伴います。

表面的には富裕で、健康で、奉仕活動をしているような人であっても、深いところには必ず「あがない」をしたいという心がありますから、ある一定以上からの発展繫栄は（無意識に）拒否するわけです。**これが何をもたらすかといえば、「そこまで豊かでなくていい」と遠慮（＝拒否）することで、豊かさの「ずいぶん手前」で止まってしまうことになるのです。**

虚空も神々も、「あがない」など全く欲していません。「あがない」ではなく、早く自己の本質に気付いて、神魂の自覚に戻ってほしいと願っています。

喪失への恐れ

私たちの生命力は、イノリを成就するためのエネルギーとして燃え上がるようになっています。もし、あなたの中にイノリをしたくない意識があったり、あるいは生命力が下がっていることに対して目をつぶっていますと、「あなたの中にイノリへの拒絶がありますよ」と、教えてくれるような現象が外側に出現してくれます。

あなたの中に少しでも「イノリへの拒絶」の意識がある場合は、「何かを喪失する」という現象を通じて、あなたにそれを教えてくれるのです。

神としてのイノリの根底には、万物一体愛があります。ところが、自我の愛情というものは、その根底に必ず「好き嫌い」があります。

世間一般で普通に言われているところの「愛情」は、自分にとって都合がいい関係性への執着や愛着でしかなく、コトと次第によっては（条件によっては）簡単に「憎悪」に反転します。無条件の愛、天意の愛、神愛とは全く異質のものです。

世間一般のほとんどの人は、いまだに個人的な自分の好き嫌いを中心にして生きています。それゆえに、好き嫌いが土台になっている愛情をどれほど誰かに捧げても、あるいは何かに捧げても、「喪失」を経験することになるのです。

これは根本中核から変えていかないと、喪失のカルマの外に出られず、人であれ、お金であれ、健康であれ、仕事であれ、喪失し続けていくばかりです。

目の前の出来事の中に「原因」を見付けて、何とか喪失を改善しようとしても無理なのです。何も変わらないのです。

ほとんどの方が根本中核を見ずに「こんなことが起こってしまいました。どうすればいいのでしょうか？」と、相談をもちかけてこられますが、拒絶のカルマが強いために「和合のイノリ」をすることに関して、全く意識を向けられないのです。目先の何かを変えればどうにかなる、そのように強く信じておられます。

ただし、喪失そのものが悪いことではないことを知って下さい。さらに発展進化したものが訪れるために、古いものや古い現象は喪失されなくてはなりません。喪失してしまうと、さらにジリ貧に向かうのではないか、このような思い込みは絶対に外して下さい。

あなたが、神魂として和合を意識しながら、真のイノリと共にあれば、喪失しても、喪失しても、その喪失したものは、全く新しい別のギフトへ変容して、あなたのもとへと戻ってくるのです。

喪失そのものは、決して悪者ではないということです。

ここで神々があなたに何を伝えているのかを翻訳させて頂きます。

「あなたが何を喪失しても、さらに素晴らしきものがあなたのもとに訪れますよう、私たちも共にイノリますので、大丈夫ですよ。安心して下さい」と、申しておられます！

この声なき声、音なき音を、あなたの魂の耳で聞いて、どうぞ受け取って下さい。

「私には何も聞こえませんが」と、すぐに反論することをやめて、ご自分のイマジネーションを使っても構いませんから、空間がその声を発しているというイメージで観じ取ってみて下さい。

「感情体」をクリーンに戻す

過去の何かの記憶に対する感情的な反応と、その反応に基づく態度のパターンが寄せ集まったものを「感情体」といいますが、この感情体が、私たちの人間自我（人格・性格）を形成しているのです。

そして、多くの人が、この「感情体」を自分自身だと信じ込んでおられ、後生大事に握りしめているために、真の自己を自覚できずにいます。そうすると、中心の愛にもつながれません。

考えてみますと、自らが中心の愛からズレたのですから、また自分で戻ればいいだけなのですが、外れた自分を「ゆるせていない」ために、ずっと中心の愛からズレたままです。

そうやって愛からズレて生きていく中で、私たちは他にもネガティブな感情を沢山生み出してしまいました。それだけでなく、その感情の流し方（昇華）が分からなくなってしまったのです。

感情を水に流すこともできず、何回も同じ感情反応を繰り返していくうちに、中毒になるほどの毒素が生まれ、感情体はすっかり毒素で汚染されて、肉体にも影響を及ぼすようになりました。汚染された感情体をもとの澄み切った状態に戻せたなら、肉体は素晴らしく健全になります。汚染された感情体のことを「ペインボディ」とも呼んでいます。私たちが内面に抱えている古い感情的な苦痛の集積のことです。


感情の流し方が分からなくなったのは、中心の愛からズレて、真の自己を忘れたからです。真の自己を忘れてしまうと、感情があふれ出したときの「受け入れ先」が消失してしまいます。受け入れ先を忘れて失ってしまえば、やたらと感情と格闘するか、感情におぼれていくだけです。いっこうに毒素が除去できません。

ですから、あなた自身が真の自己に立ち返り、神魂としての自覚をして、中心の愛を使って感情反応を優しくゆるして、ゆるめてあげて下さい。

ゆるめてから、さらに祝ってあげると、感情エネルギーはただ流れ去っていき、毒素が残ることはなくなります。**ゆるめる、ゆるくする、これが本当の「ゆるす」ということなのです。**

今までの自他の言動を全てゆるすことで、感情エネルギーはただ流れ去っていくのですが、さらに祝うことを通して「毒素」が残ることはなくなります。

汚染されていた感情体（ペインボディ）が、祝福の光で充分に埋められていくと、愛と喜びでいっぱいの「純粋な感情体」に戻ります。そして、感情的な痛みを繰り返すような現実を創らなくなります。

もし、感情体の浄化が行われない場合は、ペインボディのままの感情体が「因」となり、似たような「縁」を引き寄せ、それにふさわしい「果報」（現象）を起こしていきます。各人各様、何らかの感情反応の中毒になっていると、その感情にピッタリの出来事（果報）を創るのです。

話は少しそれますが、幽霊や不成仏霊という存在は、肉体がなくなっていても、生々しいペインボディだけを残して幽界の次元で生きている存在のことをいうのです。

あなたの意識は、空間場の中心をなす

お尋ねしたいことがあります。あなたの周囲には世間という場が存在していますが、あなた自身や他の方々は、その世間という場の中に「入り込んで住まわせてもらっている」そんな認識になっているのではないでしょうか？

自分が誕生する前から、社会や世間という場が「先に」あって、自分自身はその場の中に「後から」生み出された存在だと思っているのではないでしょうか？

世間や世の中や環境という場が「先に」あって、その中にあなたが「放り込まれている」と思っ

ていないでしょうか？

しかし、それは違うのです。

常にあなたの意識が「先に」中心となって存在し、その意識の光エネルギーが外側へ波紋として広がって、それが具体的に現象化し、まるで世間という場があるかのように見えるだけです。

あなたの肉眼は、外側の結果を見る「装置」であるため、外側を見ようとすればするほど意識は外にばかり広がっていきます。しかし、内面世界（原因世界）に意識を向けない限り、外側のスクリーンに振り回されていくだけになります。

人の数だけ意識が存在し、その内面の意識が「それぞれの現実」を創って見ているのです。**ですから、あなたから見た現実空間は、他の方が見ている現実空間とは同じではありません。**ある人にとっては、今日の青空が「悲しいブルー」に見えたり、別の人にとっては、はかない感覚の薄い青空に見えたり、また別の人にとっては、あっぱれな晴天の空に見えるのです。

意識それぞれの波動が異なるからです。自我の意識と神魂の意識とでは、創る空間が全く異なり、愛の光の分量も全く異なるために、ショボイ時空間になるのか、豊穣の時空間になるのか、あなたの「意識の質」によりけりなのです。

私たちが神々と全く同じ意識の魂であれば、豊かな発展繁栄する空間を創造し続けることができます。

前述した通り、私たちが赤ちゃんの時は、まだ意識がハッキリと醒めていないために、意識を大きく広げることができず、周囲の空間は狭いのです。大人からすれば、家の窓から遠くの富士山まで見えていても、赤ちゃんの空間には、近くにいる母親の姿くらいしか存在していないのです。もともと空間には制限がなく、決まった広がりも高さもありませんから、自分が思った通りに空間は変化し、広がっていきます。

あなたの思いひとつで、空間場の大きさも「時」も伸び縮みするのです。現実空間の創造は、あなたの意識次第です。

朝、あなたが目を覚ますと、意識が立ち上がります。そして昨日の「記憶」をもとにして、いつもと似たような空間を新しく開きます。テーブルの空間、椅子の空間、テレビの空間、壁の空間、スリッパの空間、それぞれの場を「無意識に」あなたが開くのです。あなたが見ている空間は、それぞれの物体・物質空間が幾重にも重なってダブった状態になっています。

もしも、その開かれた場が「愛の空間」ではないと思えたならば、あなたの意識をイキイキしたものへと「意識的に」変えていく必要があります。

あなたという意識が、創造の中心点である「今」に存在していないならば、今ここの現実空間は開かれることがないのです。「今」を中心にせず、明日の心配を中心に置いたり、昨日のことを中心に置いていると、豊穣の時空間は整わないのです。

今もこの瞬間に「あなた」は自らの現実空間を創っています。ですから、自分の現実に関して、誰にも文句は言えないわけです。

ですから、私たちは、最高次の波動でもって「今」を創ればいいだけです。全てに感謝し、全てを喜び、全てを愛し、全てを楽しむ、そんな神魂の波動で現実の「場」を整えて、創っていって下さい。最高の場が整わないなら、そこでは何も生育できず、実りがもたらされません。

どこらへんまで豊か？　未来永劫ですか？

この物理次元では、あなたが普通に当たり前に「そうだと思っていること」が実現していきます。

「今お勤めしている会社が当面はちゃんとあるだろうし、不景気とはいえ、最低でも一年くらいの給与は見込めるであろう」と当たり前に思っているので、そうなっています。

ただ、もっと先の8年後の給与に関する風景は、相当にファジーになっているのではないでしょうか？　あるいはフェイドアウトしているのでは？

ここで、あなたの意識の広がりがものをいいます。「繁栄はずっと続き、大丈夫だよ」という虚空と同じ意識の広がりが、一年先くらいまでしか広がっていないのか、未来永劫にまで向かって拡大されているのか、あなたの弥栄の意識は「どこらへんまで」なのでしょう？

あなたの弥栄の意識の空間が拡大されていればいるほど、その通りの豊かさが実ります。

今、世間一般では経済の不安もかなり高まってきており、大倒産時代がやってくるという思いがじわじわと出回っています。

そして、「このままでは困ったことになる……」と、そういう意識の構造になっている人達にとっては、そういう世界を共同で創造することになるでしょう。

しかし、私たちは、そんな**集合意識の幻想**から抜けることができます。

過去・現在・未来を連結させた直線時間の人生は幻想です。時間の「直線」などどこにも無くて、たった今の時点での「選択」が現実を創ります。現実を創るための選択のチャンスは常に今しかなく、たった今の意識が、あなたの現実を決めるのです。いかなる土壇場の現実からでも「たった今」の意識によって、起死回生を起こせます。

これは、量子物理学でいうところの「シュレーディンガーの猫」の実験でもわかります。

箱の中に一匹の猫を入れ、さらに、放射性物質が入ったビンとハンマーも設置してから箱のフタをします。ハンマーが振り下ろされればビンが割れて猫は死亡しますが、振り下ろされない場合は死にません。

いずれの確率も「ハーフ・ハーフ」ですが、箱のフタを開けて中を見るまでは、猫の生死は重ね合わせになっており、死んでいると同時に生きているのです。

全ての現実の可能性が「今」という一瞬の中に畳み込まれ、私たちの意識がフォーカスされることを待っています。

話を戻しますが、程度の差はあれ、多くの方が「とりあえず、当面は大丈夫」とか「何かが起こっても、貯金を崩せば〇〇年くらいは何とかなりそう」などと普通に思っています。

では、あなたの場合は、今「どこらへんまで」何とかなりそうと思っていますか？「これから先、何の保証も無いから」という言い訳によって、ずーっと安泰とは思えないでしょうか？

「シュレーディンガーの猫」ではありませんが、全ては今のあなたの意識による選択次第であり、その選択こそがイノリの質なのです。

イノリをする時、決して忘れて頂きたくないことは、未来永劫、永遠無限という宇宙の本質です。

あなたが「皆で神業成就し、和合して栄えよう」とイノリをする時、無意識に「狭い範囲」や「限られた年月」しか選択していないのではないでしょうか。あるいは、範囲や年月が漠然としているのではないでしょうか。

「永遠無限に、未来永劫そのようになろう」と、明確に意識できていますか?

まるで尻切れトンボのように「大体このあたりまで」と、少しずつフェードアウトしながら、イノリのエネルギーの波及を区切って止めていないでしょうか?

これがイノリにおける盲点になっています。家族だけとか、知人だけとか、日本国だけとか、今を生きている人たちだけとか、孫の今回の人生だけとか、無意識に区切っていないでしょうか?

今ここに生かされている感謝すべき状況を、未来永劫に向かって「永遠無限の広がり」として明確に感じていかないなら、今の状況の広がり（氣の拡大）が途中で止まります。それは発展繁栄とは言わないのです。

ですから、あなたがどれ位の「時間的なスパン」を意識しているのか、しっかりチェックしてみて下さい。

時間的なスパンがボンヤリしているのは、意識を使っておらず、無意識のまま生きているからです。

たった今、意識的になってみましょう。そして、今のあなたに与えられている恵みの基盤が、今後どこまで広がって継続するかを意識してみましょう。あなたは今「どのあたりまで」何とかなりそうと思っていますか?

大切な真実を思い出して下さい。虚空は、一体どんな意識で宇宙を創ったと思いますか? どんな思いで、神界や森羅万象や星々を創ったと思いますか?

銀河系、太陽系、地球、そして私たちの魂や生命を、「このあたりまで栄えれば充分」と考えて創ったと思いますか?

「どこまでも、いつまでも、あらゆる全てが永遠無限に栄えてね」という、虚空の究極の愛の意志を忘れてはならないのです。

もし、あなたが人生の途中で生きる気力が落ちたり、人生への好奇心が薄れたり、やる気が落ちたなら、未来永劫に向かって広がる意識へと切り替えてみましょう。

ロビンフッドの矢

先日、映画「フッド・ザ・ビギニング」を観てきました。ハッキリとした文言は覚えていないのですが「世の中にダメな人が多いのは、自分で自分のことをダメだと思っているからだ」というようなセリフがあり、納得できました。

そして、映画を観終えてから気付かされたことがあります。ロビンは「素早く矢を放つ」という練習をするのですが、とにかく倍速か、3倍速以上で「素早く」矢を放つことで、敵がこちらをやっつけようとする前に、相手を倒せるように修練していきます。

これを善と悪の感情ドラマとしてではなく、スピリチュアルな観点から言いますと、素早いこと、速度が速いこと、それは物理的な矢のバイブレーションが「超高次」の状態だということです。愛のキューピッドが矢を放つ画像を見たことがおありだと思いますが、真の愛は超高速なので、ロビンの素早い速度の矢は、光バイブレーションの高次性を表しています。

私たちが愛と喜びでもって、祝福の光の矢（神の矢）を「常に意識的に」四方八方へ放つならば、超高速で超高次の光の矢を放つことになるわけです。

ただし、「意識して」祝福の光の矢を放ち続けていないなら、無意識になった瞬間、無防備となり、外からの低い波動の矢が刺さってしまうことが起きます。その低い想念のバイブレーションはズブズブとあなたの内面に入り込んでいきます。そしてあなたを浸食していくのです。つまり、全身全霊のバイブレーションが下がっていき、ウツっぽくなったり、やる気が出なくなったり、全てが面倒になってしまうのです。無意識でいるなかれ。つまり、ぼーっと生きているなかれということです。

低いバイブレーションにやられるような暇を与えず、こちらから常に（永遠無限に）祝福を意識的にまき散らし続けていて下さい。それが自然に普通に身に付くまで。

これは日々の「積み重ね」です。意識的に修練していくものです。それが魂の透明度と神質をあげるための「磨く行為」になります。つまり、日々の積み重ね（修練）が本当の「みそぎ」です。

ロビンも目的のために日々休むことなく修練したのですから、私たちも二度とやめることなく、さぼることなく、永遠無限の弥栄という目的（神界の意志）のために、「ご縁がある全てを」喜びをもって祝福しまくって下さい。人々だけでなく、あなたが今いる場所や土地を祝いながら過ごして下さい。喜びをもって祝福しまくるという日々の「積み重ね」が無いならば、永遠無限とは言えないのです。魂が永遠無限の弥栄創造力を発揮できるのは、日々の、しかも毎瞬毎瞬の意識的な「積み重ね」があってこそです。

先日、ある友人とお茶を飲んだ時のこと、そのお店のバイブレーションがあまり良くありませんでした。

こんな場合、三パターンの反応が考えられます。

一つめは、そのお店のイキイキしていない波動に染まったまま、自らもどんどん低い波動に落ちてしまうこと。

二つめは、「イヤだ」と拒絶して、店から早々に立ち去ること。

友人は、このパターンの言動に出ました。つい、私も引っ張られて、店を出てしまいました。以上の二つは、無意識のエゴのパターンです。

しかし、三つめがあったのです。もう、お分かりだと思いますが、そのお店を祝福するような波動になり、お店の弥栄を祈る、という神魂としての言動があったのです。これは普段から常に意識して行っていないと、いきなりできるはずがありません。日々のイノリの大切さを理解し、素直な真心で実践し続けてみましょう。

第8章

本当の現実とは
弥栄の理想郷

感じるVS観じる（高機能エンパス）

人間の五感は「感じる」ための道具ですが、あくまでも自我の思いをベースにした感覚ですから、宇宙の本質を純粋には感じることが出来ていません。人間の五感は、決して当てにならないのです。自我には愛の波動が分からないから、たとえ至福の光が降り注ぐ中にいても、そうではないと「感じる」のです。まさに錯覚です。誤解です。

人間自我の五感を超えて、魂の自分だけが宇宙の本質である感謝、祝福、愛、喜びなどを「観じる」ことが出来ます。

自我は、高次の繊細な感覚を感じられません。そのほうが自我で居続けることが出来るからです。喜びが観じられない、祝福が湧かない、感謝を放出できない、それはまさに自我の特徴です。ただし、感覚が鈍くなって「何も分からない」ことを、決してダメだとジャッジしないで下さい。「何も分かりませーん」と、ふてくされて落ち込んだりすれば、もっと感覚が鈍くなるのです。

あなたが魂としての自覚（覚醒）を保ち続けない限り、光の本質を「観じる」ことは出来ません。あなたが創造主や神々の心に一体化し、神々と自分との差が完全に取れてしまうことを悟り（差取り）と言います。

神々との差が取れて、自分が完全に神魂それのみに成り切ってしまうと、宇宙の本質、光の本質、愛・感謝・喜び・祝福を観じるためのセンサーが与え直されます。これが、高機能エンパス能力（高次の共感能力）です。

この高機能エンパス能力は、かつてイノリを主体に生きていた超古代では、誰もが持っていたのですが、私たちが自我を中心に生きるようになってからは、人間エゴの感情にしか共感できなくなってしまいました。

ここで素晴らしい提案があります。あなたにとって喜びや祝福を観じることが至難の業であるなら、まずは、あなたが「いかに満たされていないか」それを認識する感覚を取り戻せばいいのです。

いかに満たされていないかが「分かる感覚」を、あなたはずっとシャットダウンし続けてきたのです。それを今から取り戻しましょう。そうすることで、「いかに満たされているか」が分かる感覚を取り戻せるのです。

では、しばし内観にお付き合い下さい。

ここ最近の朝、あなたはハツラツとした気分で起床出来ていましたか？　もし、それが万全に出来ていたのなら、日々のお仕事やプライベートなことなども、楽々と継続することが出来ていたはずです。少なくとも、辛いとか、面倒だという「自我の感覚」はみじんも湧かなかったはずです。

では、ここでお尋ねします。あなたの人生で「最高にハツラツ全開の時」とは、いったいどんな時でしたか？　どんなシチュエーションの時でしたか？

そのＭＡＸの時の感覚を思い出して比較してみると、今朝の起床の時は何％のハツラツさでしたか？　70％？　50％？　25％？

一旦、本を読み進めるのを止めて、大まかでもいいですから、今朝のハツラツさは何％くらいだったかを確認して下さい。

それが分かったなら、「どれほど満たされていないか」が明確に感じられたわけです。

ほら！　ちゃんと分かりましたよね？　満たされていない状態、生命力が足りない状態がちゃんと自覚できましたよね？

あなたは決して鈍感なのではなく、感じようとしてこなかっただけなのです。

そして、あなたは今まで、その満たされていない分を無意識に「外側から」満たそうとして、自分以外の何かからエネルギーを奪ってきたわけです。

あるいは、満たされていないことを感じる「感覚」をシャットダウンし、その代わりに理性を使って、いかにも私は大丈夫だという「偽の感覚」で、自分自身をだましてきました。

いずれにしても、あなたがどれほど満たされていないかが分かったのですから、次は、自ら「自分を満たす」ためのエネルギー・ワークをしていきましょう。

どうやって？

光の柱を立てて、そこから沢山の光を一気に全身全霊に浴びせるのです。チョロチョロした勢いではなく、一気にザーッと入れ込むのです。どしゃ降りの霧雨を浴びるように入れ込んでいきます。

この時、同時に、大地からも「せりあがる光の力」があなたを満たしていきます。感謝、祝福、喜びでいっぱいの状態になり、宇宙生命力が非常に旺盛になっています。

やがて、あなたの内側が光で満タンになりますが、そのまま止めずに浴び続けていると（光を取り込んでいると）、自然に自分の外側へとあふれ出していきます。このあふれ出したものが、「他者への愛の放出」となるわけです。

このような「あふれる状態」をあなたの普通のベースにして、そこから全てを実践するならば、意図したことは簡単に実現します。全てにおいて裏表がなくなり、あなたの意志がスグに結果に結び付くのです。

生命力の方向付け（魂のレーザー化）

世間一般の方々の神魂の意識は、未だ目覚めてはいません。ほとんどの方が神魂としての自覚がなく、完全に眠り続けています。一般常識の情報と決め付けをインプラントされ、ロボットのように反応しながら生きる日々です。頭を賢く使って生きているように見える人であっても、その頭の中が一般常識で占められているために、変化や変容が入り込む余地が全く無いのです。

神としての明確な自覚なしに生きているのは、いわば、酔っぱらってフラフラしているようなものです。思索もまとまらず、充足した感覚もマヒし、さらにもっとマヒして眠りたいとさえ思うようになっていきます。

神としての意識が眠っているため、弥栄発展へと用いられるはずの生命力の「方向性」は閉ざされてしまい、生命エネルギーは一般常識の思考や決め付けの中に「抑圧」されてしまっています。**弥栄&神業成就のイノリによって方向付けされない生命力は、地上の成功法則や、幸せ法則にしばられていくしかないのですが、これでは心底からの喜びや躍動感がもたらされることはありません。**

そして、この生命エネルギーは、飛躍するための出口を求め、発展拡大への「方向性」を求めて激しく暴れます。

意図したこと、決めたこと、それらに関して迷いや疑いが出るとき、あるいは、決める前から迷うとき、自我のエゴイズムが足を引っ張っています。やってみなければ分からないことを、とにかく「やらせまい」とする自我のパターンがしっかり細胞に刻まれているのです。このカルマから脱皮するには、一旦決めたのなら、素直に実行して行動するのみです。

素晴らしい現実の時空間を創造していけるはずの私たちが、迷うこと、疑うことで、生命力が持っている創造エネルギーが分散し、新しく変化を起こすことができません。

生命力は創造エネルギーですので、生命力の使い手である私たちが、明確な意志によってそのエネルギーに「方向性」を与えて整列させない限りは、ただ無秩序に動いていくだけなのです。

神界が用意した、最高最大の秩序と調和からズレてしまい、秩序ある発展の流れに乗ることができません。世間一般の方々は、こういった無秩序で分散したエネルギーで生きています。

このようなボーっとした意識、方向性がそろわない分散した意識ですと、現実の人生を真善美愛化された形にまで結晶化させて、見事に実を結ぶほうへと向かわせる力が機能しません。生命力を分散させず、ひとつの方向性に整えて集中させ、全身全霊で一本化することが必要です。あなたの魂の意志を、神界の意志に合わせて一本化してしまうのです。命の一本化、意識の結晶化、魂のレーザー化です。

とにかく、意志をハッキリさせましょう。「何々したい」ではなく、「何々する！」という実践の表現だけに絞るのです。ぼんやりとでは何も創造されません。

人生とは意識そのものの表れです。人生は「意識の構造」で決まるのです。それは表面の意識だけでなく、潜在意識、深層意識、集合的無意識というような内的スペースの奥の奥までを含んだ「意識の骨組み」によって、人生が決まってしまうのです。

バラバラな意識体系では何も結実しませんから、神界の意志をしっかりと浸透させて、統一された意識にしていき、意識の方向性を「弥栄と神業成就」にしぼっていくならば、必ず喜ばしい現実となって表れてきます。

「正直、そこまではしたくないな」というエゴが出てきたなら、「スピリチュアルをどこまでもやり続けたい」という神意識のほうを選択するだけの話です。ただ、意識のスイッチを切り替えるだけのことです。そして実践あるのみ。

もし、意識の切り替えをしたくないなら、その思いは「あなた」の声ではなく、偽の自己（人間エゴ）の声です。

魂のレーザー化というくらいですから、常に方向性はひとつです。したがって、「午前中はスピリチュアルに生きたけれども、午後からは手を抜きました」とか「家庭や会社には、スピリチュアルな物事など持ち込めない」とか「世の中の経済の動向や景気の状態は、イノリとかスピリチュアルという非科学的な分野とは関係がない」などの意識は、レーザー化されたものではなくなります。

さらに、「世の中って、こういうものだ」という具体的な「世界観」も捨てなくてはならないのです。一般的な世界観は、私たちの集合無意識のレベルで強く固定化されており、神魂のレーザー化を妨げ、ますます素晴らしい世界に移行することを困難にしています。過去からずっと持ち越している具体的な世界観のイメージを手放して捨てて下さい。ゼロに戻すのです。**具体的なカタチとしてのイメージを持つよりも、あらゆる生きとし生けるものの生命の躍動や、命の光が輝きわたっていく感覚をリアルに実感していて下さい。**

「意識の影響力」は常識を超える

一般社会から刷り込まれる「常識」が決して悪いということではないのですが、やはり限界であることに間違いはありません。ですから、もし、あなたが、限界以上のものを新しく知りたいと決意するなら、常識を超えることがいかに大いなる喜びであるのか、だんだん実感できるようになります。

そういう「脱常識」は、常識を充分に認めたうえでそれを超越することですから、常識を真っ向から否定する「非常識」とは根本的に異なる姿勢です。

常識的な思い込みの例として、「マイナス20度は寒いに決まっている」とか「年齢が進むと、老化も進む」といったような考え方がありますが、それを鵜呑みにすれば、その通りの身体反応が起こります。実際には、必ずしもそうではないのですが。

こんなふうに、私たちの人生には、一般常識が相当に影響を及ぼしているのです。常識は単に「考え方のひとつ」にすぎないのですが、それが普通で当たり前になってしまうと「制限の枠」に閉じ込められます。国ごとに沢山の異なる常識があり、それがその国の集合意識になっています。「人は皆、孤独で淋しい存在だ」と主張する方もありますが、それら全てが個人的な考えでしかありません。

私たちは人格・性格から成り立つ人間であるという考え方が、世界の一般常識になっていますが、そういった制限がないところから自分自身を見てみると、**本来、私たちは光の魂の存在であり、霊的な神意識の存在であり、全てに共通する光バイブレーション**なのだと分かってきます。私たちは普遍的に素粒子であり、光子です。

椅子も机も光であり、ノートも鉛筆も光であり、空間も光であり、全てがつながっていてワンネスですから、意識の光を通じてお互いに色々な影響を与え合うことができるのです。

コップ一杯の水に自らの意識の光で影響を及ぼすことができますので「なーんだ、水か」と思うときと「おいしそうな水！」と喜ぶときとでは、水の味が確実に変わります。

空間を経由して、遠く離れた人や物にも影響を与えることができますから、あなたが現在のハワイをイメージする時、物理的なハワイに実際に影響を与えることになるのです。

現在のことだけでなく、古い過去を思い出して、その時の遺恨、怒り、罪悪感に影響を及ぼすことができます。古い時空間の全ての言動や遺恨を「ゆるす」ことができます。

神としての意識（光の影響力）は、時空間を超えます。常識を超えます。現在にも、過去にも、未来永劫にも影響を及ぼすことができます。「過去は変えられない」は嘘なのです。

空間を経由して「どこにでも」つながれるのですが、つながれないと思ったままで、いくら「全てをゆるす」と思っても、その思いは通じません。

もともと神であった私たちは、決め付けなどゼロであったし、思い込みもゼロであったし、全てが弥栄発展だけであったので、そのクリエイティブな意識に戻るだけです。

「私にはできません」「無理だと思います」「できるかどうか不安です」という人は、その思い込み通りのことをクリエイトする人です。

内なる常識や思い込みそのものが「特有の波動」を持っていますから、その波動が大宇宙に共鳴を起こし、同じような波動が集まって凝集することで、具体化するのです。

自らの「内側」が外側の現象をクリエイトするわけです。

ですから、うまくいかないことを自分以外の何かのせいにしている限り、そして、自分の意識が全てを創り出していることを心底から認めない限り、皆で共に喜び合えるような国をクリエイトすることは、できません。

受けひ（中心の愛につながる）

自分の中に神界からの霊光（ひ）を受け取り続けていないのに、全体のために光を使うことや、外側へギフトしていくことなど不可能です。

創造の霊光（ひ）をちゃんと受け取ることを「受けひ」と申しますが、そのためには、まず中心の愛につながる。つまり、神界とつながる必要があります。神界の波動にシンクロするのです。

神界とつながったとき、一体どんな感覚になるのかは、各自それぞれに多少の特徴がありますので、一概に「こうだ」とは言い切れないものです。

そのどれもが間違いではなく、あとは各自で観じて頂くしかないのですが、K・Yさんという方が経験された「受けひ」の体験談が、なかなか本質を突いた文章として素晴らしいと思いましたので、次に引用させて頂きます。

……………

部屋の窓の外に広がる山や森や空や鳥などを眺めながら、植物や山、空や石、ありとあらゆる自然の命たちと一緒に呼吸を合わせて、のんびりと過ごしていましたが、先日、そんな状態で瞑想していた時のこと、突然に天からとてつもなく愛されているのだという感覚が体を貫きました。

愛の波動が細胞一つひとつ、素粒子一つひとつにまでも満ち、それは私の体だけでなく、全ての地球上の命、地球上全ての素粒子、全宇宙の命、全宇宙の素粒子、何もかも強烈に猛烈にとてつもなく愛されている、という感覚が広がりました。

嗚咽のように号泣し、幸せで幸せでたまらなくなり、一瞬に全宇宙に自分のハートから光がほとばしったのを感じました。

…………………………

まさに、この感覚です。ここまでハッキリした感覚とはいかなくても、充分に神界の愛（中心の愛）とつながることを意識するならば、素晴らしい光の波動を受け取ることができます。

このように**神界と一致して一心同体になることは、あなたが「宇宙創造の中心存在」になることを意味します。**

一心同体の「一心」は、自分個人の中にも感じられますが、もっと心眼を開いてみれば、各々を超えた所に存在するもののことです。

神界とつながって、神々の光とつながって、縁を結んで、一心同体で和合して、完全一致しながら共振していくことが、私たち本来の自然な在り方・生き方だったのです。

常に常に高次の波動存在であり続けることが、「真のあなた」であるゆえんなのです。

不安という波動は、宇宙には存在せず、中心の愛から離れた「心細い感覚」を、ただ不安感とか不信感と呼んだだけです。そして、中心の愛を拒絶して、心細い感覚にしてしまったのは自分自身だったのです。

折に触れて申し上げてきたことですが、神界とつながって、神の波動そのものになることしか、共に和して栄える道はありませんので、どうか、宇宙全体の中核としての覚醒を自分自身に促して下さい。

貧乏な現実に甘んじている人、病んだ肉体に甘んじている人、不足・不満の状況をただ嘆いている人、彼らに共通するのは、文字通り、どんよりと貧乏くさい波動です。それを変えようともせず、ただ外側へ不満の思いを吐き続け（呼吸し続け）、垂れ流し続けるばかりです。一向に高い波動へと切り替えることができていません。

「受けひ」をしてないからなのです。

もし、あなたが、やっている事柄は日々同じだとしても、必ず「受けひ」をして、内なる中心の波動を高次波動へと切り替えてみて下さい。

あなた自らの中心が宇宙全体の光源になっている、そのことを決して忘れてはならないのです。あなたが宇宙全体の愛の中心存在になることに関して、他の誰の認可も不要です。師匠の認可さえ無くていいのです。なぜなら、もともと私たち全員に認可されているからです。私たち全員が最初から愛のフルスペック状態です。

「我に絶大なる力あり。我、ここにあり」と、自らの力を信頼して下さい。存在することへの大いなる自信を持って下さい。

そして、あなたの活動内容が、ある程度まで進んで大きくなっていくにつれ、「我に絶大な力あり」という意味が、実は、単独の個人の力ではないことや、天地の恵みのおかげであったことに気付かなくてはなりません。決して個人の手柄ではないので、天狗になったり、有頂天になるのはおかしな話です。

個人の力がいかに極小であるかを知り、しかも、その極小の力を弥栄発展のイノリに合わせて一体となり、大きな意気込みで発揚させていくとき、その時初めて、あなた個人の所に集まってくる「天地の力」を最高に活かして動かすことができるのです。

「容認」と「結び付き」

私たちは意識を授かっていますが、その意識が「何を容認」しているのか、そして「何と結び付いて」いるのかによって、創られる現実が決まっていきます。

例えば、あなたが、世の中には災難・不幸・貧困・暴力というものがあるのだと（無意識にでも）容認すれば、あなたはいつでもそれらに結び付くことができて、そんな世界を現実化します。

単なる機械的な概念にすぎないものをあなたの意識が容認してしまうと、生きていない概念にも生命が宿って芽を出すのです。

本当に発展的で豊かな人は、貧しさという概念も、貧しい感覚も、全く持っていませんし、発展的ではない不自然なものを、自分の人生には容認していないのです。

豊かさや繁栄しか容認していないので、「損か？　得か？」の選択肢もなく、したがって葛藤や迷いもないのです。

思考、概念、観念、感情、そういった様々なカテゴリーにおいて、あなたは何を選択してもいい自由があり、いつでも「選択し直す」自由もあります。

最も大切な神の波動（素晴らしい、ブラボー、感謝、祝福、喜び、慈愛、真善美愛、好奇心、信頼）などを「容認」して、そこと「結び」をし、その結びのままで、あなたが他の色々なものに結び付いていくと一体何が起こると思いますか？

あなたがリビングの椅子に「なんて素晴らしい！」という神の波動で結び付くと、その椅子からは感謝とお礼がかえって来ます。あなたが椅子に座ってみると、この上ない至福とリラックスをギフトされるか、素晴らしい何かがひらめくのです。神の感謝で椅子に「結び」をすれば、さらに感謝したくなるようなものを椅子からギフトされるでしょう。

家庭のお風呂のお湯に対しても、「なんてありがたい薬湯だ！」という神の波動で結び付くと、お湯の分子構造が変化し、まさに薬湯となってギフトされるのです。

コロナウイルスの現象にさえ「私は神として、このパンデミック現象を過去のカルマとして大いに祝福します。そして、森羅万象・万物万我の全てが、本来の健やかさを開花させ、イキイキと歓喜することができますように」と、神の波動で結び付いてイノリをするなら、生命の光は大いにめぐり、イノリの通りの現実があなたにギフトされます。

それが「結び」の力であり、現実創造の力です。タカミムスビノカミ、カミムスビノカミ、みな「結び」の創造力を表す神名です。

貧しさ、怠惰、あきらめ、卑下、憎悪、拒絶、戦い、裏切り、おどし、恐怖、不安、疑心暗鬼、そういうものを「容認」して、「結び」をし続けていると、一体どんな現実が起こってくると思いますか？　簡単に想像がつくのではないでしょうか。

あなたの意識の「結び」の違いによって、創造されるものが違ってくるのです。

「もう無理だと思う」「二度と這い上がれないと思った」「私には分かりません」「何も感じられません」「めんどうだな」というような思念と「結び」をすれば、晴れ晴れした現実がもたらされるはずがありません。

「私って、いつも考えてばっかりなんですよね」「私って、〇〇という病気なんです」というような限られた自己イメージと「結び」をすれば、その通りの自分が創られ続けます。あなたが創造の神ですから！

限られた何かとの結びを取り消すことや、結びの対象を選択し直すことを思いつかない方も世間には多いようですが、たとえ、取り消しや選択し直すことを誰かからアドバイスされたとしても、ほとんど聞く耳を持たない人もおられます。

「限られた自分」であり続けることによって、自我は自我なりの有益なゲームができ、スピリチュアルな進化や発展的な創造をすることから逃げることができます。「怠惰な自我」にしてみれば、結びの選択を変えたくないわけです。

概念や思念だけでなく、どんなバイブレーションと「結び」をしているのかも重要です。重苦しいエネルギー、沈み込んだエネルギー、リズミカルでないエネルギー、何となくスッキリしないエネルギー、ボーっとしたエネルギー、それらに「結び」をしていると、その波動感覚を味わうような現実が次々と起こってくるだけなのです。

「中心の愛」は恐れ・不信・疑惑を超える

生きることや未来が恐くなるのは、虚空や神界に対する不信と疑惑があるからです。あらゆる全ては天から授かる光（中心の愛）によって創造されますが、過去に私たちは一瞬だけ「受け取りたくない」とか「授かれないかもしれない」と、思ったことがあります。

そして、ふとそう思った瞬間に、不信感と疑惑が生まれました。神界から授かるという意識が薄れた瞬間です。

全てを授けたいと熱望している神界、そこから何でも授かることができるという、その「真実」への不信と疑惑を握ってしまうと、あなたはもう神界に従う氣には毛頭なれず「全ては自力だけでやっていくしかない」と、思い込んでしまいました。それが自我の始まりです。

「もう自分は、天から何も授かれないかも」と思ったあの時、すぐに「中心の愛」へと意識を戻していたなら、不信と疑惑から離れることができていたのですが、そのまま不信と疑惑にのまれているうちに、何もかもが信じられなくなったか、せいぜい半信半疑の状態で生きるようになったのです。

あなたが天から全てを授かることを忘れてしまうと、頭に詰め込んだ思考や知識を中心に生きるようになります。しかし、どれもこれもがプログラムでしかなく、むしろ、その小さな思考の世界に閉じ込められて、不自由な感覚しか味わえないのです。

自分の単独自力だけで生きようとすればするほど、淋しさと孤立感を深めますので、かりそめの安心材料として、とりあえず恋愛に走ったり、宗教にハマったり、結婚を焦ったり、貯金を増やすことや、お酒・ギャンブルにハマったりするのです。

「中心の愛」からズレると、不安・不信・恐れが湧き、喜びが減ります。「中心の愛」からズレると、直観・導き・希望・アイデアから遠ざかります。「中心の愛」からズレると、生命力や免疫力が落ちていき、勇気・根気・元気も出なくなります。「中心の愛」からズレると、次のステージへ超越することも、古いモノゴトからの脱皮も困難になります。「中心の愛」からズレると、余裕・ゆとり・豊かさ・富裕との縁が切れます。

「中心の愛に合わせるって、どうすればいいのでしょう?」と、そんな質問をよく頂きます。そんな時、私は「考えていても分からないことですから、まずは、中心の愛に合わせることを素直に意識して下さい。何度も何度も意識し直して下さい」と、お答えしています。

そして、私は、もっと素晴らしいことを師から教わりましたので、最近ではそれも追加してお答えするようになりました。

それは祝福でした!

自分自身が虚空から光の分魂（わけみたま）として生んでもらった時の、あの魂の輝きをとことん祝福していくのです。これが「中心の愛」に合わせ続けるための最高の秘法だと分かりました。

ほんの少しで構いませんからイメージしてみてください。

まだ虚空の中に空間も物質も生命体も無かった頃、私たちの意識はひとつのまま、自他の区分もなく、至福のまどろみの中で、うたたねをしていました。広大な虚空の中で、安らいでいたのです。

やがて虚空が目をさまし、自分自身を認識し、ハッキリと自覚が起こりました。これがゼロポイントの発芽です。

そして、虚空は、虚空自身の中に隠されている発展的なクリエイティビティをぜひ知りたい、ぜひ観たいと意図したのです。その瞬間に光のビッグバンが起こったのです。

つまり、私たちが分魂（分光、分霊）の神として生んでもらった瞬間です。

なんという輝きだったことでしょう！

なんという美しさだったことでしょう！

その最初の魂の輝きにまで意識を戻すと、そこには私たちの「中心の愛」があります。


あなたが中心の愛につながらなければ、つながらない分だけ「ひずみ」を増やすことになります。

たったそれだけの個人的なことじゃないかと思うかもしれませんが、それが宇宙全体に与える影響は計り知れないものがあります。その影響の反動は、また自分が受け取ることになります。

どうぞ、たった今から、あなたが中心の愛を意識してつながってみて下さい。

あらためて光を授かり直すことが楽にできます。

「大安心」や「ゆるしの心」など、あなたが欲しいものは全て神界から授かり直すことができますが、それを独り占めするのではなく、万物万我に向けて大いに与えるようにしていきましょう。

もともと私たちは、「光を意識する」「無限の生命を意識する」という素晴らしい技法を知っています。それは「中心の愛を意識する」ことと同じです。

繰り返します。中心の愛につながって、光を授かってから、全体へと与えるのです。そうやって、宇宙のひずみ、現実のゆがみを、もとの愛の光に戻して下さい。

中心の愛との一体化を取り戻すことは、今の私たち全員の一大プロジェクトなのです。

金銭という偶像

全ての人が内面の深部に宿している神魂と、その作用としての神性・仏性・霊性のおかげで、私たちは永遠者、永生者、不老不死者へと近付いていきます。

人間エゴの肥大化という意味の「偽の進化」ではなく、**純粋な弥栄創造主に立ち返るという神業成就の「神化」こそが本当の進化であることを思い出し、神化が進むにつれ、永遠者に近付くのです。**

その場合、私たちの内面を満たすものは、霊性や神性にチャージされた「無限」の光ですが、そこに間違って「有限」なものを侵入させると、それが偶像になっていきます。この偶像が、私たちの内面で悪魔的な力を発揮することも増えていきます。特に私たちが「有限の財産」に絶対的な崇拝をするようになると、財産の偶像化が起こってきます。

このことを、人間現代学のマックス・シェーラーは次のように説明しています。

「人間は自分が作った偶像に魔法にかかったように縛り付けられ、それを（あたかも）神であるかのようにもてなす。このような偶像の財を持つか、持たないかという選択は成り立たない。成り立つのはただ、自分の絶対領域（神域）に神を、すなわち、神性・霊性という財を持つのか、それとも偶像を持つのか、という選択だけである」と。

もちろん、「金銭的な財を持つべからず」という意味ではなく、金銭という偶像に振り回されることなく、天の意志に沿って使いこなせるだけの「神性」「霊性」を持っているかどうか、そこが重要だということです。

金銭だけがあっても、それをあつかえるだけの内面の豊かさ（スピリチュアリティ）が無かったなら、金銭を持っていないことと同じです。

ただし、内面の豊かさについて誤解しないことも大切です。「欲しい欲しい」という貧者に対して、「いいよ、いいよ、何でもあげるよ」ばかりを連発していくことが内面の豊かさだと勘違いすると、現実レベルでは浮浪者になってしまいます。そして、他者の自立、つまり「神化」の可能性もつぶします。

私の知人（Kさん）が、とにかくお金が欲しくてたまらない時期があり、営業を頑張って続けて、毎月7千万ほどの収入を得ていたようです。ところが、人に次々とだまされるような経験を沢山するようになっていったのです。Kさんが学んだことは、どんなに金銭を得ても、ショックなことや悲しい思いをするなら、幸せじゃないということでした。

金銭を所持し、それを動かすのにふさわしい霊性（スピリチュアリティ）を本人が持っていない場合、お金を動かすのにふさわしい人に育つための「スピリチュアルな経験」が先に来ます。

お金だけあっても意味がなく、それを使ってどうするかが大切です。内面が貧しく、愛も喜びも感謝も祝福もないような内面をそのままにして、何を得ても幸せではありません。

私の経験からもいえることですが、とにかく働いても働いても、ダメな時はダメで、お金がカツカツな状態が続く時期があります。借金がふくれあがり、極限までカツカツの状態を経験させたいからこそ、ハイアーセルフはそういう状況を用意するのですが、そこから逃げて、表面だけを何とかしようとしても、一瞬はよくても、お金はカツカツのままでしょう。

やはり、エゴが思う繁栄ではなく、神に変容してからの繁栄が大切なのです。スピリチュアルな方向に意識を１００％向け、神々の意志に１００％添い遂げていくことです。

お金をかせぐために仕事をする、そのことが人生の目的ではありません。宇宙本来の波動に信頼でつながり、明日を心配せず、いかなる瞬間であっても、何をしていても、魂の愛を磨き続けていくならば、「収入がぁー」とか「生活がぁー」とわめくような出来事は起こってきません。

そして、何よりも重要な秘密ですが、「今」という「ゼロ時・ゼロ秒」から意識をずらさないこと。それが創造の発起点に一体化する秘訣ですので、たった1秒前とか、１秒後ですら、意識の中心にしないことです。

私たちは、本来、お金を生み出すのが上手な人になりたいわけではなく、豊かな現実を創ってやまない「自らの神化システム」を追求しているのです。

頭で考えるのではなく、意識がポンと広がった中で、考えてみましょう。これだけ必要な生活費を得るべく、何か仕事をしなきゃということをいつまでも続けていたら、社会意識（一般常識）

の縛りからは脱出できません。今、コロナ騒ぎのおかげで、私たちはそういう側面も突き付けられているのです。

明日、もうお金が無いと思うと、つい姑息な手段で現実の対策を練ってしまいがちですが、それでは意識の限界を超えることができません。所持金がスッカラカンでも何も困らず、全然大丈夫だという経験を、宇宙は私たちにさせようとしているのです。

私たちの全身は、光の粒々の循環ですから、どこか一カ所でもエネルギーの停滞や抑圧があったなら、もうお金は回っていかないのです。

現実レベルの常識の中で限界的に生きようとするのか、自分が本当に「何者か」を追求して、その神システムを実際に使っていく人生にするのか、あなた自身で明確に決めて下さい。

今すぐに知識として解答を得ようとするのではなく「自分が何者か」を本気で知ろうとして下さい。

意識の「タイムマシン機能」を使おう！

もし、あなたが、時間と空間を突き抜けて（超越して）「一足飛びで」弥栄なる時空間に行けるとしたら、すごく楽しいと思いませんか？

意識のスピードは光の速度を超えていますから、一足飛びにどの時点にも行けるのです。**そして、あなたが望む時点に行くには「意識」のシフトが先であり、その時点の「波動」にあなたの「意識」を合わせてしまうことを意味します。**

「でも、一足飛びに楽しい時点に行ってしまったら、あとの楽しみが無くなるから、一足飛びには行かなくていい。そこまでのプロセスをもっと楽しみたい」という声が聞こえそうです。

本当に望む状態に到達することに関して、苦労して頑張るプロセスを経由しないとダメだとか、楽々と到達してはダメだとでも思っているかのようです。

そんな考え方を握っているあなたに真実を申しますが、**一足飛びに行かないなら、今後、その苦労と頑張りの時間軸の上をどれほど進んでいこうとも、苦労と頑張りばかりが続くだけです。**全身全霊がくつろげるような弥栄なる時空間には行けません。

もし、本当にプロセスを楽しみたいのなら、一足飛びに弥栄の時点に行ってからのプロセスこそ、どこまでも延々と楽しんでいけばいいのです。

これがどういうことかと言いますと、タバコを「もう完全にやめよう」と思って禁煙を始めた人が、1日禁煙し、2日目も禁煙し、3日目も禁煙し、その直線的な時間のプロセスを苦労して頑張ってはいるけれど、ご本人の意識の波動が「やめてしまった自分」になっていないために、完全禁煙した自分がいる「時点」に到達できず、その自分に重なることができないのです。

タバコ常習者である自分の意識と、禁煙完了した自分の意識との波動が合わず、シンクロが起きません。

タバコの常習者である本人が、ずっとタバコを我慢する日々、そんな現実を毎日毎日繰り返して創造しているだけでは、延々とタバコを抑圧する状態が続くだけで、いつまでたっても「プロセスが終わらない」のです。

タバコ常習者であった知人は、私よりも先にこの原理に気付いて、一足飛びに「完全禁煙の時点」に意識の波動を上げて移行しました。**完全禁煙した時点の自分にフォーカスしたのです。**

知人いわく、「こちらから移行するともいえるけれど、向こうからも来る。タバコを全く吸わない未来の自分（波動）を今この瞬間の時点に招いて、そこに意識を合わせる感じ」だそうです。

しかし、未来にタバコを吸わなくなっている自分が本当にいるのだろうかと、最初は疑ったようです。

そのときに「こうなった自分なら素敵だなあ。とても豊かだなあ」と強く思えるということは、必ずそうなっている自分がいるからだと分かったそうです。私たちの意識の空間にないモノゴトを自分が思い付くことはできないからです。

大いなる意識の空間には、**考える以上の全て**が畳み込まれており、無の空間になっています。私たちの意識の中には宇宙の全てがあります。私たち全員が地球時間を刻むこともできますし、他の次元の時間も把握できています。

そして、誰でも「発想」「考案」さえすれば、すぐに使える機能としてセットされています。

そもそも、意識とは何でしょうか？

思考は意識ではなくて、意識の中身です。色々な思考が完全に空っぽになった時、意識が現れます。

意識空間は素晴らしい宝ものばかりです。あらゆる全ての可能性の自分が「時点」として、意識空間にただあります。

富裕な自分もいれば、貧困の自分もいます。それは余裕たっぷりの豊穣な波動の自分なのか、時間がない、お金が足りないというような不足感の波動の自分なのか、その「選択」の違いだけです。

常に現実を選択し直すための「今」という瞬間があり、タイムマシン機能で（一足飛びで）移行できます。毎瞬の選択次第です。

つまり、意識が変われば、肉体的に経験する現実も変わるのです。どちらの現実も私たちの意識空間に存在し、**意識はどちらも経験しているのですが、頭は、肉体で選んだ経験だけを「これが私の現実だ」と思い込みます。**

バタフライ・エフェクト（蝶の羽ばたき効果）

この地球という惑星の状態ですが、ますます高次の光のグリッド（格子状のＷＥＢネットワーク）が強化されつつあります。

光のグリッドとは、地球を包む何層かのオーラのようなものです。そして、真っ先に地球を包むようにして創造されたものが、最も高次の意識のグリッドでした。

それは、もちろん、地球の発展を促すための高い神意識のグリッドですが、この最高のグリッドからは、神界の光が「光の柱」となって垂直に地上へ降ろされ、その光が降ろされた場には、それを祀るための神社が創られていったのです。

このようにして垂直に降ろされた光を、この地上全てに渡って拡大し続けることが私たちの天命といえます。

この最高の光のグリッドが、光の柱を経由して私たち全員に連結された時、つまり私たち全員が最高の光のグリッドに完全につながった時、人類の完全なる**意識の夜明け**（魂の覚醒）が地上に訪れます。

ただし、高次の光のグリッドばかりではなく、それ以外にも、波動が低い沢山のエネルギーのグリッドもたくさん張り巡らされています。低い感情のグリッド、固定観念や思考や理屈などのグリッドです。

低いエネルギーには、（意外なことに）「正義感」さえも含まれるのです。

あなたがどんなに正義だと思っても、その正義が悪をののしり、裁いて断罪するならば、その正義はスグに「悪の側面」を生み出します。少しでも裁く心があれば、あなたの意識は低いグリッドに幽閉されます。

ですから、正義を振りかざして裁くのではなく、もし、誰かや何かが悪だと思えても、その悪だと勘違いしたものを、ゆるして祝って自分の中に受け容れていくと、今まで誰も見付けることができなかった悪の源に到達できます。**そして、悪の「源」にあったのは、正義の「源」にあるものと全く同じ「中心の愛」だったと分かるのです。**ですから、悪をそのまま無条件に祝福してあげるなら、悪が変容を起こして、中心の愛へと進化するのです。

どんなにそれが正しく思えても、ここぞとばかりに正義を振りかざして、裁く心や闘争する心になることは、内なる戦争行為です。この内なる戦争行為は、必ず外側の戦争として現象化するのです。

今の時代、ほんのちょっとした非難の思いさえも手放す時です。たとえば、本人の亡くなり方や、他者の人生のいかなる経験に対しても、等しく敬意を払うという真の愛によって、低い波動のグリッドから離脱できます。

ジャッジすることや、裁くことは、それこそ相手を抹殺するような行為です。

神界は全てを愛で観察して、全てを「アッパレ」と祝っています。全てをOKし、ゆるしています。無条件の愛です。

今、浄化の時代でもありますが、浄化とはあらゆる存在への偏りのない祝福によって為されます。「良い・悪い」という裁きを超え、そのどちらも公平に祝うことによって、完全に浄化が為されます。

もしかしたら、あなたも過去世では、ウイルスなどの伝染病で亡くなったかもしれないのです。その時、気の毒な人、悲劇の主人公だと周りから思われたいでしょうか?

「あーあ、可哀想な人」「あんな最期はいやだ」と、思われたいでしょうか？

どうか、繊細にちゃんと内面の動きに気付いていて下さい。つい、無意識にやってしまうほんの小さな裁きも、そして小さな「恐れ」も、もう二度と低いグリッドの中に隠して幽閉しないで下さい。

そして、低い意識のグリッドにつながっている自分自身を感じたなら、決して自己批判することなく、その低いグリッドから一気に離脱して下さい。低いグリッドに一体化したままですと、ずっとバタフライエフェクトを起こし続けます。

バタフライエフェクトとは、一羽の蝶の羽ばたきが、グリッドを経由して台風を起こすまでになるのです。

蝶だけでなく、たった一人のほんの少しの想念波動が、世の中に「多大な影響を」及ぼします。

たとえば、地球の裏側の遠く離れた外国で、たった今、自殺しようかどうしようかと迷っている人がいるとします。そして、日本にいる自分が「なんだか死んじゃいたい気分だ」「こんな世の中からはオサラバしたい」と、ふと軽く思っただけで、外国の方の自殺を後押ししてしまうのです。

バタフライエフェクトは、宇宙の全ての領域に影響を及ぼします。あなたが怒りを繰り返すたびに、自分の肝臓に影響を及ぼすのみでなく、宇宙の木星にも余波が及びます。悲しみは肺に影響し、水星にも影響を与えます。どんな言動も反応も、あなただけの個人的な範疇だけにおさまるものではないのです。

あなたは、そういう低い意識のグリッドエネルギーに毒されて感染していませんか？ これこそ、まさにウイルス感染です。

低いエネルギーに感染した方々に共通する症状は、**無気力で、陰鬱で、たまに死にたがり、アイデアや創造性に乏しく、新しいことにも無関心で、現実に対応する気力が失せている**などの特徴があります。

感染すると、豊かな新しい可能性を経験したいという意志が希薄になっていきます。物理次元への「好奇心」真の自分への「探求心」そういうゾクゾクするような思いが希薄になるのです。低い意識からは、低い考えや、ありきたりなアイデアしか出てきません。したがって、ショボくて低い現実しか現れません。

この低いエネルギーへの感染に対して、私たちはどのように「対応」すればよいのでしょうか?

答えはシンプルです。まずは、あなた自身が自分の感染を疑い、意識の波動レベルを「中心の愛」にまで上げるとき、低いエネルギー感染からは離脱できます。そして、他の方の感染をも同時に防ぐことができます。これもバタフライエフェクトです。

バーチャル・ドラマから出る

そこそこの幸せな人生であれば、人は決して「夢見」から目覚めようとはしないものです。たとえ、たまに多少の不幸や災難があっても、何とか乗り切ることができたり、あるいは周囲が助けてくれたなら、その「夢見」から目覚めようとはしないでしょう。

そこで、とうとう今回、宇宙創造主は大きなアラームを鳴らすことにしました。「こんなの、絶対にイヤだ」と、世界中の全員が思うような夢見（バーチャル世界）を与えました。それがウイルス騒動です。

映画を観ていてもTVドラマを観ていても、グーっと引き込まれていく瞬間があり、やはり感情が揺れ動きます。しかし、バーチャルだと分かっているから、感情に振り回されないまま、余裕をもって感情を楽しむことが出来ます。しかし、バーチャルはバーチャルです。それは真の現実ではありません。実話をもとにした内容だったとしても、宇宙創造主が創ろうとしているリアル（弥栄発展）とは似て非なるものです。

だからといって、映画やTVのバーチャル世界が悪いというのではありません。そちらは大いにエンジョイして下さい。

問題なのは、一般の日常生活をバーチャルだと見抜けない場合です。バーチャルな現実をバーチャルだと見抜けない場合、それだけが現実だと思い込んでしまい、バーチャルから抜け出ることができません。ですから、本格的にハマっていき、悩み苦しんでアドレナリン中毒になるのです。

ハイアーセルフからも師からも言われたことですが、もう過去のバーチャル映像から完全に脱皮し、人間キャラクターを演じることをやめ、今までの感情ドラマのシナリオを全て捨てて下さい。みんなで演じていただけです。

「ほかの人々のことなんかどうでもいい」と思ってしまう自分自身も「これからどうしよう」と考える自分も「お金がない」「病気がちだ」と思う自分も「何が何だか分からない」と口にして

いる自分も、それら全部がバーチャルなイリュージョンでしかありません。

感情ドラマは激しい興奮を伴うので、リアルな真実のように見えますが、それは「個人的な意識」の中身が投影されている幻影であって、皆様の勝手な夢見でしかありません。

本当のリアル、本当の現実、それは大いなる宇宙創造主が外側に投影する「弥栄の理想像」のことなのです。 病気、貧困、奪い合い、死ぬための人生、そういうものが全てバーチャルゲームなのです。

ゴーグルをご存知でしょうか。人工的に作られた仮想世界のビジョンを見るための、メガネのような道具です。非常にリアルな仮想世界を広々と大きく写し出すので、目の前の空間に敵が現れたら、反射的にパッと隠れたり、戦闘モードに入ったりします。

もし、あなたが、部屋でゴーグルをつけてバーチャルゲームをしていた時に、誰かが遊びに来たら、実にこっけいな動作をしているなぁと笑ってしまうはずです。

私たちは今、バーチャルゲーム用のゴーグルをつけたまま、そこから展開する映像を見て、本当の現状を経験して生きていると思い込んでいます。

まさに集団催眠です。世界中の科学者、医学の専門家も含めて、みな集団催眠にかかり、ゴーグルを外そうともしません。

このゴーグルを外さない限り、そして、今まで見ていた現状が全て「夢見」であったと気付いて、我に帰ることがない限り、コロナ騒ぎはなかなか収束しないようです。

なぜなら、私たちの脳内ゴーグルには、弥栄発展ではないシナリオが入っているのですから。そして、それを本物だと錯覚することに酔いしれていますから。

もし、あなたが幻影のゴーグルを外したいと思ったなら、あなたの意識を、いったん純粋な無の空間（虚空）に重ね合わせることが不可欠です。こんな現状だとか、そんなふうになったら困るというイメージ映像が全く無い、感情や思考の波動もない、ピュアな透明空間に意識を重ねて一体化し続けて下さい。何もかもが無に帰していきますから、目からウロコが落ちます。

私は、このコロナ騒ぎのおかげで、完全に夢見のゴーグルが外れました。

そして「ああ、夢でよかった」と、自分自身の妄想に大笑いしました。

マナブ君のスピリチュアル物理学

今までとは完全に異なる前人未到の時代に入るにあたって、それをワクワクするのか、恐がるのかでは、創造する現実が全く違ってきます。その激動の世界を喜んでチャレンジするために、世界中の全員がこの時代に生まれたわけですが、世界中の人の無意識レベルでは「うまくいくのか？　自分はやれるのか？」と、いうような不安が感じられているのは確かです。

考えてみますと、そもそも、多くの人を支配しているのは恐怖ですが、何を恐がっているかといえば、まだ起こってもいない妄想を恐がっているだけですよね。しかも、妄想とは、自分が勝手に脳内で描いているだけですよね。エクソシストの映画の中身と同じで、悪魔のセリフ（妄想）なんかに「真剣に関わるなかれ」なのです。まさに、「妄想よ、神の光のもとへ立ち去りなさい」なのです。

「先が見えない」このことの素晴らしさをあとで詳しく説明させて頂きますが、先のことが具体的に見えてこない（決まっていない）フリーさの中にこそ、創造主の「みわざ」がなされるわけです。先が見えない、つまり今までの全てが崩壊して、直線的な時間軸も崩壊して「無の空間」「光の空間」だけになったからこそ、新しいものが再編成されて出てくるのです。

それなのに、個人的に勝手な妄想の画像を描いて、勝手に不安になったりしていては、創造主のジャマになるだけなのです。

今は、世の中が思いっきり足元から変わってしまい、世界の様子も全く見たことのない景色になり、方向感覚も何もつかめない状態です。つまり、実にフリーな位置に立てたということです。もちろん、今までの考え方とか、スキルは全く使えない。全く違う方法で生きることになりますが。

本当に覚醒した方ならすでに知っていることですが、5次元の意識を自由に使うという方法です。これは、おいおい説明していきますが、皆様はただ忘れているだけです。

話を戻します。「先が見えないこと」今、ほとんどの方がそれを恐れています。しかし、先が見えないことは、今この瞬間の自分の脳が「見ているもの」に限定されずに、虚空の意志に沿った素直で自発的な動きができる状態ですから、脳や意識にとっては最高にありがたいことなのです。

普通の人にとっては、脳がいったん見てしまったものは、なかなか忘れることが出来ず、次の瞬間にも古い様子を制限の壁として維持するのです。

これらのことを、マナブ君というヤンキーな子供に説明して頂くことに致します。彼は肉体を持たないエネルギー存在ですが、完全に覚醒しているワンダーチャイルドであり、私のハイアーセルフの一人です。普段の私の言い方よりも分かりやすいと思い、採用しました。

脳や目の専門家なら誰でも知っているんだけどね、物事や現実を見ているのは肉眼じゃないんだ。脳が観てるわけさ。脳が好き勝手に「観たいように」観てるんだよ。実は、**肉眼で見えないものは、存在していないわけじゃなくて、極小の光の粒々になっているだけだってことを知っていてほしいな。**まっ、ミクロとか言うけどね。このミクロな極小の世界を制する王者が、スピリチュアルな覚醒者（マスター）というわけ。まっ、現実創造の方法を確実にマスターしたってことかな。

ミクロな極小世界を制する王者というのは、光の粒々を自由に動かせる人って意味だけど、それは弥栄創造の意志の人しか無理なんだ。だって、光の粒々たちは神々なんだから、自我の言う通りには動くはずないでしょ？　そんなことをしたら、世界はもう成り立たないからね。

じゃあ、もっと話を分かりやすくするために、日常のことに向けていくね。たとえばさ、あなたが緑のペンの上にノートを置くと、緑のペンはノートのかげに隠れてしまう。すると、肉眼では見えなくなるでしょ？

この時、ほとんどの人の脳には「緑のペンの画像」が焼き付いて離れない。どんなに「赤いペンが隠れている」と思いたくても、脳は許さない。いくら2千万円だと思おうとしても、さっき見たばかりのマイナス30万円だったりするのと同じさ。先にインプットしたものを脳が手放してくれないんだ。

これって、脳を自由に使えていないってことじゃない？　意識のまともな使い方を忘れているからだよね。意識が直線時間に閉じ込められているから、意図する結果を「先に」脳内に創るってことができないんだなあ。残念だよ。僕なんか、遊び心満載だから、楽しんで意識を使っているよ。全体繁栄のためにね！

そうそう、意識が直線時間に閉じ込められている人、つまり「ああなって、こうなって、それから……」みたいに、すぐに直線的な思考に一体化しがちな人に言いたいんだけど「無の空間」では直線時間は崩壊するんだよ。起承転結の論理や、因縁果報の思考システムも、全ての「地上の理屈・法則」が完全崩壊するんだ。知ってた？

だから「無の空間」に意識をつなぐのが最高ってこと。なんの思考の制限もないから、神の意志を叫ぶのにピッタリの次元だよ。

キリストのようなマスターたちは、脳の仕組みが自由自在で、それがキリスト脳ってことだけど、意識的に脳を動かせるから、目の前にすぐにお金も魚も出せるってわけ。奇跡って、常識からフリーということの現れでしょ？　それって、脳が自由じゃないと無理なのさ。

キリスト脳になっていない人でも、緑のペンを肉眼で見ていなければ、あるいは、何が隠されているかを全く知らされていなければ、脳が「緑のペンの記憶」に固定されないでしょ？　フリーな脳になっているから、「赤いペンがないかな」と意識した瞬間、すぐにノートの下に赤いペンを発見することができるってわけ。

ねえ、ちゃんと分かった？

だから、キリスト脳になっていない人たちにとっては「先が見えない」ことのほうが脳が自由になれて、今この瞬間、意図したとおりに脳内の光で自由に現実を創れるよね。「先が分からない」ってことは、普通の人の脳にとっては素晴らしいギフトだよね！

マスターたちは、たとえ肉眼で見えていても「見えていない状態」に脳を戻すことが簡単にできるし、いつでも自由に頭をまっさらにできるんだよ。脳と意識を「無の空間」にしてしまえるってこと。

でも、みんなも、やっていないから出来ないだけで、やれば出来るんだよ。素直にやればいいのに。本当に夢がないなあ。

僕たち（生命存在）を構成しているのは、光の粒々だけど、この素粒子と呼ばれる粒々は、生きて動いていて、決して安定していないんだ。もし、それを安定させる要素があるとしたら、唯一、観察者の意図だけ。弥栄のイノリだけ。分かった？


以上がマナブ君からの全文です。

「今」とのSEX

世間一般では、「宇宙」といえば大気圏の外をイメージすることが多いようですが、宇宙とは空間のことであるという真実の観点からすれば、宇宙は「たった今の空間」のことをいうのです。私たちの人生における最も根源的で大事な関係は「今との関係」です。実は、いかなる出来事（空間）も、「たった今」という空間のことなのですから。

あなたが「今」という時空間と「どのような関係」でいたいかを選択できるのは、やはり今しかありません。虚空の愛が交合し合うような友好関係なのか、愛が変質低下した敵対関係なのか、そのいずれかの「関係」です。ぶつかり合うような敵対関係を選ぶなら、必ず人とぶつかり合うか、車ともぶつかるでしょう。

永い人生は「今」という時空間の「相似形」ですから、あなたの大切な人生がどのような質になるか、それが決定されてしまうのは「たった今」なのです。永い人生と「今」とは、絶対に切り離すことができません。永い人生を喜ばしいものにしたいなら「今」を愛することから始めて下さい。それほどまでに「たった今」が重要です。

もし、あなたが「今」という瞬間を、愛する親友か伴侶にすると決めたなら、それがいかなる姿や形で訪問してきても、愛する存在として歓迎することです。そうすると、その結果はすぐに分かります。人生のほうからも、あなたを親友として接してきます。あなたの決意はあなたの現実人生を丸ごと変えてしまうのです。

そしてあなたのこの決意、この意志は、それが普通に自然で当たり前な生き方になるまでは、意識的に何回も繰り返していかないと、もとの自我のパターン（敵対関係）に戻ってしまうのです。

「今」という瞬間を、いつも最高に愛する親友にするという決意は、自我の昇華、自我の崩壊をもたらします。自我システムの本質は「今」を無視し「今」から逃げたり「今」を低く見て、幻想でしかない未来に大きな価値を置くのです。自我にとっては、「今」という瞬間は、せいぜい未来のための「手段」でしかないのです。「今」よりも理想的で「大事な未来」に連れていってくれるための「手段」に過ぎないのです。しかし「今」という親の中から明日という子供が出てくるのです。言い方を換えると、明日もやはり「今」そのものが出てくるわけです。


「今」を低く見るという自我のパターン、これがもっとひどくなると、「今」という瞬間は親友どころか、克服すべき問題や障害であるかのように見えてくるのです。世間一般のほとんどの方にとっては、それが当たり前の日常なのです。人生は克服すべき困難だらけ、問題だらけ、敵だらけに思えます。敵だと思うから、人生がそのようになってしまいます。

「今」という瞬間を、常に愛する親友として（あるいは伴侶として）見ない限り、敵対する問題に終わりはありません。

問題だらけの人生になるので、あなたはいつも「問題を解決し、困難を克服しなければ幸せにはなれない」と思い込み、ストレスやイライラがとだえることはありません。「私は、今という瞬間と、一体どんな関係になっているのだろう？」と、常に自問自答して内観することが大切で、

「今」をバカにしていないか、「今」を将来のための手段にしていないか、「今」を敵にし、障害として見ていないか、よくよく直視して下さい。

私が頂いたメッセージですが、「たった今を、最愛かつ最高の伴侶とし、今の瞬間へ本腰を入れてＳＥＸしなさい。その融合ＳＥＸによって次なる今（明日・未来）が誕生するのだ」ということです。その通りだと思います。

２０２０年のある日、「今」という瞬間（空間）が語りかけてきたことがあります。「今の私の空間の中に全面的に溶け込みなさい。昨日という古い私のことは忘れて下さい。昨日の私は、新しく生まれ変わって、今この瞬間としてよみがえっています。だから、今の瞬間と共にいて下さい。あなたが今の私と共にいてくれることで、今という瞬間（空間）が、常に復活再生しながら繁栄できていくのです」と。

意識空間（無の空間）とは何か?

私たちの思考は、意識の中や頭の中だけでなく、実は体中を駆け巡り、ドンドンその数を増やしてため込んでいきます。思考は伝搬しますから、自分の中の思考と似たような波動の思考を引き寄せて増えていきます。

もしかしたら、今もあなたの体内空間は思考で埋め尽くされて、透明な「無の空間」がほとんど見えなくなっているかもしれません。これは、あなたの純粋な意識空間に思考のゴミがいっぱいあるということです。

思考という「雲」だらけになると、あなたの内なる青空が見えなくなります。青空という無の空間に気付くことがとても難しくなり、純粋な意識空間（無の空間）を意識しなくなります。このことが、多くの人が自己覚醒することを困難にしています。

つまり、意識と、意識の中身との区別ができていないのです。たとえて言いますと、梅干しが入ったビンの空間と、梅干しとの区別ができていないのです。ビンの透明な空間のほうが私たち自身であり、中身の梅干しはエゴなのです。ですから、無の空間を自分自身として認識し、その自覚でいることが「覚醒」です。

私たちの本質は魂としての意識なのですが、それはどこにあるのかといいますと、意識は愛の光でできていますので、私たちの身体空間（無の空間）の全てにいきわたっています。無の空間は、中心の愛の広がりとなっているのです。

私たちという意識存在は、純粋な無の空間であると同時に、光エネルギーでもあるのです。

私たちは、流動し変化する光エネルギー（神々）としての自己に気付くこともできれば、光が動くために必要な無の空間（神界）としての自己に気付くことができます。

ただ、無の空間に気付く人はほとんどいません。それは無の空間が『最も重要』だとは知らずにいるためです。私たちの体内と対外にある無の空間の重要性は、そこが虚空の神界そのものだからであり、全てを育む愛の場だからです。

残念ながら、世間一般の方々は、見えない空間なんかよりも、その中に持ち込んだ有限のモノゴトに目が向くのです。

実は、皆様の「悩み」も有限のモノゴトであり、無の空間そのものは愛と喜びの光でしかありません。したがって、梅干し（人間エゴ）が悩みを口にしているわけですが、あなたがその言葉と一体化し、まるでそれが自分の悩みであるかのように感じてしまうと、エゴのゲーム（カルマ）に入っていくのです。梅干しが何を言おうが、無の空間はそれ以上の意識ですから、引き込まれないようにして、ますますイノリの氣を強めていきましょう。


私たちの生命の光のベストな状態は、無の空間から自ずと神秘的に立ち上がるようになっています。何も無いように思える無の空間から、神界の高次の直観やアイデアも出てきます。

無の空間は、目では見ることができない高次の光が満ち満ちているシンクタンクのような空間です。未知の情報やアイデアのシンクタンクです。そこからは、どんなにIQが高い人の頭にも及びもつかないような神界の叡智が、直感やひらめきとなってドンドン湧き上がってきます。

もう納得して頂けたことと思いますが、無の空間はどんな情報や思考よりも「上位」にあることをご理解下さい。まさに創造の神域であり、神界なのです。あらゆる全てを超えて「最高位」の玉座に位置するのです。

もし、あなたが、何だかんだ言いながら、やっぱり「思考」「理論」「概念」に意識を取られ続けるなら、それは自分自身だと思い込んでいたものが消え去って、空白の空間だけになることが恐いからではありませんか？

自分はこういう人間で、こういう個性や特徴を持っている、そう信じてきたのに、その全てが崩壊することが恐いのではないでしょうか？　もちろん、かつての私もそうでした。

今まで積み上げてきたアイデンティティが消え、自分個人という枠組みが消え去ることは、おそらく死に匹敵するくらいの恐怖ではないかと思います。

しかし、その恐怖感情は、「あなた自身」ではないことを知って下さい。

最初に書きましたように、あなたは透明な意識空間であり、創造の光エネルギーなのです。

あなたは恐怖を感じることはできますが、恐怖そのものではありません。あらゆる感情を感じることはできますが、感情そのものではないのです。

第9章

神の呼吸が無限の世界へとつながる

「無の空間」の超秘密

生け花を習った方はよくご存知だと思いますが、花そのものを「何とか美しく活けよう」として、意識を花のほうにばかり集中させると、なかなかうまく活けることができません。

「空間がサポートしてくれる」という意識で花に接すると、花の周囲の「無の空間」が花を支えてくれたり、立ち上げてくれたり、自分の力量を超えた活け方ができるのです。

無の空間は「全てを素晴らしいものにしていきたい」という意欲（イノリ）そのものですから、あなたが無の空間を意識することで、その空間の意欲にスイッチが入り、実際に花に働きかけていきます。結果、素晴らしい花の様子を創り出すことが出来ます。

簡単にいうなら、**創造の神々が、無の空間の「神界」に存在しておられるということです。**高次元であるほど目立たないし、目には見えません。**ですから、見えないところを大切にしていると、見えない高次元から神秘のサポートを授かることができます。**

あなたが今この瞬間、ご自分の意識を無の空間（純粋な神界）に合わせて同調させる時、その時だけ、宇宙大生命の光が持っている愛の神通力にアクセスできます。その神通力は、ありとあらゆる真善美愛を創っていく弥栄の力です。

むしろ、宇宙創造の神通力（＝イノリ）のほうからあなたにアクセスしてきて、あなたを通じてこの現象世界に現れようとするのです。

したがって、あなたの体内空間は、この宇宙**大生命**の光の流れで貫かれることになります。いわゆる永遠無限の光で貫かれ、あなたの体内は、不老不死の命の光で満たされます。これが「神ながら」の状態であり、神との合一状態です。まさに神と共にある状態なのです。イエス・キリストでさえ、「私は、自分だけでは何もできない」と言ったのは、この意味です。ただし、神ながらの状態を自分の体内にとどめるだけでは目詰まりを起こすので、神のイノリそのものを意識的に地上界に放つようにしましょう。

私たちは今まで、何でもかんでも「個人の自力だけで」やろうとしてきました。身の程知らずもいいところですが、それのみならず、宇宙大生命の神通力を、個人の都合のほうへ「引き込もう」とまでしてきました。これは明らかに邪道です。

そうではなくて、個人の都合や個人的な願望をいっさい手放して（決して否定ではなく）、神々の意志に合わせていくのが本道なのです。そのためにも空白スペースに同調し続け、そこから「弥栄のイノリ」と、それに沿った実践をしていって下さい。

宇宙に存在する全ての中で、無の空間の神界は別格の聖域です。この聖域を侵すものは存在しません。死さえも、です。

無の空間には、究極の自在性と柔軟さがあり、パワーが整合しています。そして、あなたの意識に従おうとする光の粒々たちでいっぱいなのです。

あなたがこの無の空間に意識を合わせることを通じて、無の空間を自分の範疇（はんちゅう）におさめるならば、全ての光の粒々たちが、あなたの意志（イノリ）がいつ発令されても動けるようにと、スタンバイしてくれるのです。あなたは無の空間から、光の神界を開くことができるのです。

多くの人は、たった今、無の空間を認識することなどすっかり忘れてしまうのに、なぜ、色々な雑念思考（頭の中のおしゃべり）にはすぐに目を向けるのでしょうか？

世間一般で大流行している「外部的な目的」つまり、野心や幸せの引き寄せに支配されて「内部的な目的」を忘れたからです。**内部的な目的である「霊的な成長」「魂の神化」を忘れてしまうと、外部的な弥栄も創造できないということをご存知ないのです。**


あなたの魂が神化するためには、自らが積極的に無の空間にアクセスし、無の空間の中枢本部になっている神界とつながるしかありません。**神界にアクセスするには、「内なる虚空」である無の空間を通じてのみ可能です。**思考、理論、想念、概念、感情などからはアクセスできません。あなたが無の空間を通じて、神界の神々の意識にアクセスしない限り、神通力は受け取れないので、喜ばしい現実を創るまでには至りません。

あなたが神界にアクセスしなくなり、イノリをしなくなると、その瞬間から「神々」という波動存在はあなたの人生のリアルではなくなり、絵空事か、幻想になってしまうのです。

神々の氣をリアルには感じられなくなり、やがて神々の存在に対する疑惑や不信へと変わっていきます。あとに残るのは「神の概念」や「神の学問」だけです。

概念・学問・知識だけを信仰する人は、「宗教の教義」「宗教の教祖」に依存するようになり、逆に概念を否定する人は、「神など居ない」という信念を持つようになります。

どちらであっても、リアルな神々を認識できなくなり、神氣を感じられなくなった点だけは共通しているのです。

虚空の呼吸（宇宙初の呼吸）

２０１１年の7月11日、ソファーに横たわってＤＶＤを鑑賞の最中に「呼吸だぞ！　呼吸が全宇宙を創っているぞ。物質現実の全てを創っているぞ」と、ハイアーセルフから最大級の音声でメッセージを頂いたことがあります。

ひとくちに呼吸といっても、鼻と口を使った肺呼吸や腹式呼吸だけが呼吸ではありません。細胞の全てを通じて行われている超高速の光呼吸が私たちの「胎児の時の呼吸」であり、それは**「虚空の呼吸」を授かっている状態です。**

超高速の光呼吸は、光の粒子が超微細であるため、激しい感覚ではなく、そんな呼吸が起こっていることさえ分からないような「すー」と流れていく波動です。自然で大らかな心地良い感覚の呼吸です。

全ての瞬間に私たちに流れ込み、そしてまた流れ出ていく呼吸の神秘を多くの人は全く知らずにいます。

東洋では昔から呼吸に秘密があると言われてきました。心を整え、雑念から離れ、無心になるための技法としても、呼吸は効力を発揮します。**しかし、それはもっと「根源的な秘密」に迫る入り口でしかなかったのです。**

虚空が息を吐く時には「全ての存在」があり、虚空が息を吸う時は「全存在が消える」ということです。それは、私たちの魂が息を吐く時には具体的な存在があり、息を吸うときには具体的な存在が消えていることを意味するのです。

たとえば、私たちが話す言語や思考、そういった何らかの言語（有音）のあとには必ず静寂な無音の部分があって、次にまた別の言葉が来ます。言語と言語のハザマには必ず静寂の無音があります。そうでなければ、言語同士が一箇所になだれ込んで、衝突し合って、雑音だけになってしまうのです。

音楽も同じで、歌を歌う時や楽器演奏の時、その音の流れに耳を澄ますと、音が現れている時と、全てが消えて音が現れていない時があります。楽譜でいうと、ちゃんとした音符の部分と、音符と音符のハザマ（無音部分）があるのです。

つまり、純粋な音が流れていくには、必ず静寂な無の部分というギャップ（＝ハザマ）が必要なのです。

考えてみますと、音楽や言語と同じように、物質も肉体も「波動」ですので、物質や肉体が現れ続けるにも、静寂な無の部分である空白のギャップが必要なのです。そして、この空白のギャップ（ゼロポイント）から、あらゆる全てが生じています。

このギャップこそ、あらゆる全ての情報の交差点であり、「時空の扉」「次元の扉」になっていま

す。分かりやすく言えば、それが「今ここ」です。

現代の量子物理学も、この真実に限りなく近付いており、似たような話になっています。物質の形態は同じものがずっと連続しているように見えても、連続的ではないというのです。**音や言語と同じで、物質と物質の間で「物質は消滅する」のです。**カタチとカタチの間でカタチは消滅する。その「間」、そのギャップこそ、ゼロポイントであり、カタチや物質が出入りする門なのです。その切れ目である門は、非常に微小で見付けられないのです。

それが私たちの「呼吸の切れ目」です。

吸ってから吐くまでのギャップ、吐いてから吸うまでのギャップ、このギャップが新しい創造の瞬時です。この一瞬から光や電子の動きが生まれ、物理的なものが全て創られていきます。

そして切れ目の一瞬にも、光は存在しています。

万能の神呼吸

魂としての真の自分と、肉体の意識としての自分をつないでいるのは「呼吸」です。さらに、無意識と覚醒した意識とをつないでいるのも「呼吸」です。

今から書く内容は、かなりスピリチュアルを学んだ方でも、初耳の内容ではないかと思います。

ントになりそうです。

実は、私たち本来の神呼吸は、**鼻と口で行うものではありませんでした。**私たちは、1万年以上も前には、自分が何者であったのかを忘れ、虚空とのつながりも完全に忘れてしまったために、光の柱を通じて、宇宙の光を頭の「松果体」に降ろすことをしなくなり、松果体に光を取り込むことをしなくなりました。

神呼吸をしなくなったのです。

松果体を使う神呼吸を忘れてしまったために、松果体は小さく縮み、このままでは失われてしまう危機に面しています。

私たちのカラダで重要なポイントとなるのが、頭の中心に位置する松果体で、ここが神としての意識の大きな要素になっています。松果体には「宇宙万物がいかにして創造されたか」という全情報と、これからの発展進化のための全叡智が入っています。私たち一人ひとりの松果体に、その全てが備わっているのです。

1万年以上も前のことですが、呼吸法を変えたことによって、光が「松果体」を通らなくなってから、私たちの「ものの見方」が完全に変わってしまいました。ただひとつであった愛を、二極化して分断してしまう偏見になってしまったのです。たったひとつの現実を、偏った解釈で見るようになったのです。

あらゆる全てを創造し続けている光には、虚空のイノリがチャージされています。生命の光それ自体が、「弥栄であれ」というイノリそのものなのです。

その光を秘伝の方法で松果体から取り込んで、カラダの中心の管を上下させるという神呼吸の代わりに、鼻と口で呼吸するようになったのです。それが人間自我の呼吸です。人間自我の呼吸しかしなくなったことで、私たちの肺もウイルスなどに弱くなってしまったようです。

この神呼吸の技法を、本やブログなどで公開することは簡単ですが、叡智の旅を本気で歩もうとしていない方や、神として目覚めていく氣が無い方や、イノリをし続ける覚悟がない方にとりましては、「技法」「やり方」そのものを知っても何の意味も持ちません。

神界の掟の順守に関して、気軽に越法（おっぽう）することがないよう、秘密口伝になっているように思います。

ただ、今はもう全部を全部、秘密のままにしておく時ではないと感じて、越法にならない程度に、この本の最終項目にて「神呼吸」の基礎ポイントだけは書かせて頂こうと思います。

ただし、技法を知識として知っているだけではダメであり、瞑想の時に少しだけやる程度では、神呼吸の本領発揮には至りません。


呼吸の鍵はたゆまぬ「継続」です。


今の私たちの呼吸は、とても浅い呼吸になっていますが、恐れや罪悪感を隠し持ったまま生きているせいでもあります。

本来の神呼吸をすると、無意識層にある色々な恐れや傷が浮上しますから、それを見ないために、浅い呼吸で生きているともいえます。

私たちは、食べ物に関して、マクロビオティックとか、栄養とか、無添加とか、オーガニックとか、カロリーを非常に気にして生きています。しかし、人にもよりますが、1日くらいは絶食しても死にません。水も、何時間かなら飲まなくても死にません。ところが、呼吸だけは、10分でも止まったら生きていけません。

さらに、本来の完全な深い神呼吸には「若返りの力」があるのですが、それは「肉体は必ず死なねばならない」というプログラム（刷り込み）があると機能しませんが、深い神呼吸の中で疲労は必ず癒され、取り越し苦労の雑念思考によって苦しむこともなくなり、恐れの感情にも振り回されず、心の傷やカラダの不具合も、全て治っていくのです。

今の私たちからは失われてしまった宇宙最初の呼吸（初発の呼吸）の名残りは、本物の武道者や、求道者の呼吸に見付けることができます。**シンプルでありながら、神氣を内包した呼吸であり、不死をもたらす呼吸であり、発展をもたらす呼吸であり、ヒーリングと浄化も行う呼吸であり、叡智をもたらす呼吸です。**

まさにそれは現実創造の息吹き（意吹き）のことでもあり、あらゆる全てに命を吹き込み、それを生育させるほどの神通力だったわけです。

単に酸素を吸って二酸化炭素を吐く呼吸ではなく、そのずっと背後にある、万物創造を起こし続けるほどの神呼吸だったのです。

ですから、古事記に書かれている通り、様々な神産みが起こった時も、必ず親神の「息吹き」から神産みが為されているのです。

そもそも、私たちの「言葉」「会話」が活きて存在していけるのは呼吸によってです。そして、単なる概念や、単なる意味付けの言葉や文字、そこには全く命が入っていません。**そんな単なる言葉や文字に、ちゃんと生命の光を吹き込み、言葉そのものに「現実化の神通力」を与えることが出来るのも、神呼吸によってです。**

個人的な意識の自我の呼吸から放出される言葉やイノリには、光が万全には吹き込まれていかないため、それが芽を出して実を結び続けることはありえません。自我の呼吸から行うイノリや言葉は、発展繁栄の創造へと繋がらないのです。

考えてみますと、万物万我と和合していくことは、つまり**万物万我と「呼吸を合わせる」**（神の息吹きを合わせる）ことを言うのです。

それぞれがエゴ呼吸のままでは、和合しようとしても息がピッタリにならず、それぞれが神呼吸に直して合わせるからこそ、完全和合ができるのです。

そして、私の講座を受講された方の中に、昔から植物たちとコミュニケーションを取ることができる方がおられますが、その方から「呼吸」に関するメールを頂いた時は、本当にうれしく感じました。その方から頂いた文章の一部を抜粋して載せさせて頂きます。

…………………………

以前から、植物たちが「人間は恐怖心から深い神の呼吸が出来ていない」と言っていました。呼吸をするのが怖いらしいのです。その表れが感染症であったり、花粉症やＰＭ２・５、またオーストラリアであった大規模火災のための煙など、呼吸を怖がる現象として現れていると言われました。

植物いわく、深い神の呼吸から吐き出された二酸化炭素は、植物からしたら素晴らしい人間からのプレゼントだったと言っています。

ずっと昔、まだ人間が「神意識」のままでいたころは、植物たちは神の二酸化炭素を受け取り、神の酸素を地球いっぱいに満たしていたのだと教えてくれました。

本来の私たちの呼吸を通して、人や植物、地球にも貢献できる、ありとあらゆる全ての命の巡りの一助になれると思ったら、ワクワクが止まりませんでした。

「恐怖」は、人間意識にとどまる（とどまりたい）ための「最後の砦」なのかもしれません。今、それが世界中に鳴り響くウェイクアップ・コーリングとして、眠ったままでいたいか、目覚めたいかの「際の際」まで来ているのだと思います。


……………………

以上でしたが、私が申し上げたいことと全く同じでした。ありがたいことだと感謝せずにはいられません。

天の声・天の精神（失敗からは学べない）

天の声（神界の声）は、私たちの魂にしっかりと組み込まれています。それは、澄みきった爽やかな波動を通じて直感的に授かる「叡智の言葉」のことです。

天の精神（神界の精神）も私たちの魂に組み込まれています。「精神世界」という表現を耳にされたことがあると思いますが、多くの人はマインドの世界や心の理の世界のことを精神世界だと誤解しています。

しかし、マインドや心というものは、人間的な思考や個人的な感情記憶といったような雑多なものを内包していますので、明確に言えば精神ではありません。

精神には「神」という文字が入っており、万物を創造した大元の神の「精髄（せいずい）」のことを精神と呼ぶのです。


精神世界を探究して生きるということは、人間世界を超えて、「神の精髄」をそのまま生きることに他ならないのです。

天の声・天の精神ではないものを口にしたり、頭の中で雑念思考として繰り返すことは、天に逆らうことであり、天の意向である弥栄発展を拒絶することですから、栄えていくための素晴らしいヒントや、ビッグチャンスや、感謝すべき恩恵や、起死回生の助けなどを拒絶してしまうことになります。


天の声に沿って、天の精神で生きていると、失敗やミスをすることが全くなくなっていきます。

天の精神とは、神界の意志に対して、いっさいの迷いも疑惑もなく、気持ちが完全にフォーカスされていくという精髄のことですから、結果として、フォーカスされたエネルギーは寸分の狂いもなく、ストレートに意志が成就します。

つまり、天の精神には迷いも疑いも無いので「失敗しない」のです。**逆に言えば、少しでも迷いと疑惑があれば、天の精神ではないため、したがって、失敗が起こるのです。**

いつの頃からか、私たちの魂が天の精神ではなくなってしまうと、そこに歪みが生じて、モノゴトの成就がストレートには起きなくなってしまったのです。

そうすると、世間では「人は誰でも失敗するよ。人間だもの。だから、失敗から学べばいい」というような考え方が普及していき、その一般論は私たちの集合意識にまで浸透してしまったのです。

そして、モノゴトの成就が常にストレートに起きないからこそ、成就された時の達成感からは相当な興奮が得られます。

自我はこの感情的な興奮がクセになり、苦労することや、いったん失敗をしてから成功するという興奮を強いカルマにしてしまいました。

だからといって「いちいち失敗してから成功する」というプロセスを、私たち全員が「今後も」必ず歩まねばならない必要などありません。

色々なミスを繰り返しながら、そのたびに「これは大事な学びだ」と言い聞かせて、ミスを修正・訂正していくというプロセスが本当に今後も「その都度」必要なのでしょうか？

失敗から学べるという観念・信念は、「離婚から愛を学べる」と言っているようなものです。本当にそうでしょうか？　失敗からの学びなど「成功からの学び」に比べれば、ほとんど学びとはいえないものばかりです。

あなたが個人的なマインドや思考ではなく、天の声・天の精神を中心に生きていくと、失敗やミ

スは起きなくなります。素直にシンプルにモノゴトがなされていき、時間の無駄がなくなることによって、余裕をもって沢山のことを成し遂げていけますし、ひとつのことを相当に深める余裕ができ、その道のトップに到達することも起こってくるでしょう。

「全体総合パッケージ」で授かる

過去の多くの先達や師たちが伝承して残してくれた「叡智の奥義」は、私たちがちゃんと授かり直して、それに沿って生きることでしか、私たちはこれ以上は進化（神化）できないのです。私たちが叡智の奥義を引き継いで、その生き様を体験しながら次世代へ伝承していくことによって、さらに叡智そのものをもっと深め、高め、発展させることができます。私も、今この段階で叡智を伝えることをやめるわけにはいかないと思っております。

叡智の奥義の中には、必ず癒し（昇華・浄化）の部分が含まれています。私たちのスピリチュアルな発展、つまり、「神化の進行」においては、古い過去からの（先祖代々からの）色々な苦痛や、前世からの痛みを癒して昇華（浄化）することがついてまわります。

神であった私たちが「人間化」することになってしまった原因と、そこから生まれた傷を完全に昇華しなくてはならないのです。

過去の私たちには、神としての言動を選択しなかったという歪みがあります。これが私たちの不

徳になっており、不徳を昇華しないと、どんなに愛をもってイノリをしようが、貢献して徳を積もうが、さらなる発展が望めないのです。

ここで、誤解をおそれずに言いますと、癒し（昇華・浄化）というものは、「私は傷ついている」と明確に感じている方々だけに必要なものではないということです。

本気で「もっと先へ進むぞ」「さらに成長進化していくぞ」と意図する方々にとっては、絶対に欠くことができないもの、それが癒し（不徳の昇華・浄化）です。

本気で、さらなる神化をしようとしていない時、私たちの魂は絶対にワクワクできませんから、真の幸せを感じることができず、日常や人生に対して「飽き」が来るのです。

娯楽・快楽・薬物を使っても、その「飽き」だけは埋めることができません。魂が喜びを感じないなら、肉体もイキイキできず、老化します。

そして、パーフェクトかつ絶対的な癒し（昇華）を成すことができるのは、私たち個人のメンタルな力からではなく、生命創造の源から授けられる神秘の力でしか成すことができません。そのことを肝に銘じていきましょう。

私たちは個人的な自力（エゴの力）だけでは何もできません。この一瞬を生きることさえも、です。

あなたの才能や能力という「徳」も含めて、あらゆる全ては神界から授かることで可能になるのです。**そのことに感謝しながら、「さらにもっと授かっていく」ことに関して、拒絶しないで頂きたいと思います。**

全体繁栄のために貢献できるような才能・能力は、自らの「全てに対して貢献するぞ」という意欲が無いならば、決して授かることはありません。逆に言えば、貢献する意欲を発した時には、必ず天から全てを授かるのです。

そして、ここからがうれしいお知らせですが、天からは「全体総合パッケージ」として授かるのです。

全体総合パッケージとはどういうことかと言いますと、私たちが天の意向にそって何かを成そうとする時には、**それが成されるために必要な全てを、その時に「同時に」授かってしまうということです。**

達成されるための達成の氣、ゴールの氣、完結の氣も、ワンセットで授けられます。

ヤル氣や意欲だけが与えられて、技能は自分で何とか身に付けなさいとか、やり方は自分の頭で考えなさいとか、お金・資材・人材は自分で集めなさいとか、虚空はそんな授け方はしないのです。

ところが、最初から必要な全てが総合パッケージで与えられてしまうことを、どこかで私たちは信じられなかったために、個人的な自力だけで必死に頑張ることを選択してきたのです。

あまりにも恵まれた状態を神界から授かってしまうことや、何を成すにもとんとん拍子で整ってしまうことに対して「そんなずるいことはダメだ」とか「自分は特に苦労していないのに、申し訳ない」とか、「何もしていないから、恵みをもらう資格はない」などと、申し訳なさを感じていないでしょうか**?**

師から教わった秘伝のひとつで、私にとっても青天の霹靂でしたが、神々が望んでいることは、**「個人には、いっさい手を出してほしくない」**ということだったのです。個人的な思考も不安も介在してほしくないのです。ただただ、全てを受け取り、常に授かり直すだけでよかったのです。そして、それらの「授かり直し」の働きが、純粋無垢な本来の神呼吸によって行われていくのだということを知っている人は、とても少ないのです。

古い直線時間軸（旧世界）からの脱出法

今までの私たちの意識の使い方は、結果として現象化してしまったものを、何とかして変えようとするパターンです。

たとえば、何らかの理不尽な誤解によって、あなたが絶海の孤島にある「監獄」に幽閉されたとします。普通の人は、肉体が監獄に閉じ込められた時点で、意識をさらに小さくしていきます。魂の力を小さくしていきます。

そして、考えることといえば、「この苦しい状況から、どうやって逃げよう」ということしか意識できませんが、この苦しい波動のままでは、うれしい結果に至ることができません。波動が違いすぎるのです。

意識の波動を変えていかないと、状況は変わりようがありませんから、あなたの肉体が監獄に幽閉されていようが、縄で縛られていようが「愛の神意識」を大きく無限大に広げ、全体全員の弥栄を「神々と一心同体になって」本気で願い、もうすでに監獄から出たあとの意識へと完全に切り替えてしまうのです。今の現状が不自然なものであり、それを自然な素晴らしい現実へと切り替えるには、**意識の波動を切り替えることが先なのです。**

監獄から出たあとのあなたの意識、それは喜ばしい自由な波動のはずですから、それをずっと観じ続けていくと、意識の波動の切り替えを証明するような出来事が開始されます。

あなたが監獄から出たあとの意識であり続けていくと、実際に喜ばしい現実展開になるための「きっかけ」が起こってきます。監獄から自由になるための原因（きっかけ）が実際に起こるのです。

たとえば、あなたへの誤解があったと実際に判明したりするわけです。

それればかりか、監獄から出られただけでなく、さらなる発展的なプロセスが展開していきます。

たとえば、世界的な認知度が上がって、思ってもみなかった活躍をするような結果に向かうのです。

監獄に幽閉されるような最悪の結果にまで至っていない方々でも、最悪に向かうプロセスの途中で、いくらでも不自然な時間軸から出ることが可能です。

先に「意識の上」で、ビデオテープの早送りのようにして、一気にラストの最悪を観察してしまうのです。

「お金が減っていく、どうしよう、恐いよ」「売上が落ちていく、恐いよ」「倒産してしまうよ」といったような波動からは、やはり同じ波動の現実結果しか起こりません。しかし、一気にそこまでを脳内で疑似体験してしまい、そのあとに、その最悪の時点から一気に喜ばしい時点の波動へと意識を切り替えてシフトさせるのです。

全てが万事解決した喜ばしい時点「ああ、よかった。あの苦労は完全に終わった。そして、こんなにも皆で発展しているじゃないか」という波動を、先に今すぐ感じるのです。意識の切り替えです。すると、それを証明するための、喜びに満ちた出来事の原因とプロセスが動きます。


今はもう宇宙的な流れとして、人類の魂の意識が神の次元（神界）へと戻ろうとし始めています。肥大化した自我を浄化しようとしています。

ですから、各自が「個人的な思いを成し遂げる」ことを、今の虚空は推奨していません。これ以上、私たちが「自分独自の願望」を達成し続けていけば、全体繁栄のバランスが乱れ、世界は混乱し、ますます魂が「神の次元」から離れてしまうからです。

ゆえに、たとえば、倒産や破産という最悪結果を経験した場合でも、それは、会社の損失が大きくならないうちに（傷が小さいうちに）早めに倒産させてくれた神々の愛です。

もちろん、前述の通り、実際に倒産するまで待たなくても、内なる意識の上で（意識の中で）倒産をしてしまうと、その古くてショボイ直線時間軸を閉じることができます。

直線時間軸を閉じたら、ここからが大事ですが、あなたの意識を本来の魂の座へとシフトして、神魂として生まれ直し、イノリを軸として生きるよう、１００％切り替えて下さい。

桜が教えてくれた「信頼」

暗いニュースしか流れていない春、ふと気が向いて、市内の公園に桜を見にいきました。満開の桜の森に入って、その桜の下で何ともいえない「生命の愛」を受けながら、泣きそうになりました。桜は、ひかえめでありながら、それでいて遠慮もせず、ただ内なる命の輝きを目一杯放っていたからです。昨日を振り返ることもなく、明日を憂うこともなく、今という一瞬に最高の輝きを放っていました。

桜の語源は**木花咲耶姫**（コノハナサクヤヒメ）ですが、その女神が象徴するものは、虚空に対する圧倒的な「信頼」です。

桜は、虚空から宇宙生命の流れを与えられ続けることや、その宇宙生命によって育まれていくことに対して、ゴマ粒ひとつの不信も不安も持っていませんでした。

私たちも、虚空や神界の「中心の愛」に全面的につながり続けていくならば、宇宙生命の流れから切り離されることはなく、虚空への信頼はもっと強くなっていきます。そもそも、**生命そのものが、信頼という宇宙の本質から出来上がっているのです**。信頼というエネルギーの質は、全ての生命存在をパワフルにし、生き生きさせます。

ところが、「中心の愛」につながることを一瞬でも忘れると、信頼は消え、魔が差すようにして不信と不安が生まれます。

残念ながら、一般社会では、中心の愛につながることを忘れてしまった人が多く、結果として、色々なモノゴトや相手に対する「信頼」が薄れているようです。

あなたが信頼しない相手や、信頼しないモノゴトは、必ず弱くなってダメになっていきます。同時に、自分自身も弱くなってダメになっていきます。


相手を信頼できない、それはどういうことかといえば、たとえば、気の毒で可哀想な人がいたら、何となくその人を助けたくなるでしょう？

しかし、気の毒で可哀想に見えているのは、実は自分なのです。気の毒な人がいるのは、自分の心の中に気の毒な人がいるからです。

それなのに、気の毒な人を助けることをやっていても、自分の内面に気の毒な人がいるままの状態ですから、その相手がいなくなっても、また別の気の毒な人が現れてくるのです。

そして、その人を何とか助けたぞと思ったら、また次の気の毒な誰かが現れます。キリがなく、際限なく、永遠のお助け運動が続くのです。それだけでなく、**助けられた人はさらに弱くなり**「もっと助けて」とか「今度は別のことを助けて」とか、要求が強くなっていくか、あるいは要求してくる人数が増えます。

男気の強い会社社長が、『俺が』社員みんなを食わせていこう」と思ったり、あるいはお医者さまやカリスマヒーラーが、『私が』患者さんを治してあげよう」と思ってしまうと、相手の中に流れている宇宙生命の流れ（神の動き）を「信頼」していないことになるのです。

結局は、社員のことや、クライアントさんの生命力（発展力）を「信頼」せずに、全部を自分が何とかしようと思ってしまうことで、際限なく責任だけが重くのしかかることになります。相手からの要求を背負い続けて、苦しくなって、最終的には「共倒れ」になります。

気の毒だと思える人が外側に見えるなら、自分の中にも必ず気の毒な人が感情的に昇華（浄化）されずに残っています。

まずは、その自分（自我）を見つけて、「過去、自分がどんな経験をし、どんな思いをしたのか」を充分に感じ取ってあげて下さい。そして、「その経験を教えてくれて（思い出させてくれて）ありがとう」と感謝をして下さい。

すると、気の毒で可哀想な思いをした自我は、あなたから感謝されたことで、「こんな自分の経験にも価値があった」と、自己信頼を取り戻せるのです。そして、浄化されて生命の光に戻り、あなたの魂へと溶け込んできます。自我が統合されていったのです。

生命力は、天井知らず

生命の光である神々は、伸びていくのが本質ですから、好きなように自由に動いてもらうためには、途中で**「個人的なストップ」**をかけないことが当然で、ストップをかけないことによって、叡智の光は自ずと進化発展するようにできています。

「そこそこでいい」「そこまでしたくない」という、一見すると誠実で清純そうな考え方は、意外にも、肉体死のプログラムから起こっています。

実に巧妙で、見破りにくい人工的なプログラムです。いかにも聖人君子が好きそうな「分相応」の考え方ですが、これは私たちの才能を出させないためのプログラムであり、意識の創造活動を妨げ、喜ばしく生きる意欲を抑圧してしまうような催眠導入剤になっています。

あなたはそれに従うのですか？　固定化された仮想世界に、自由な創造の神魂（神意識）を幽閉するつもりですか？　悪魔に魂を売るとは、まさにこのことなのですが。


「そこまでは浄化しなくていいと思う」と、ストップをかけていれば、自我の傷の痛みは残ります。

「そこまでは許したくない」と、ストップをかけていれば、過去の憎悪と怨念は残ります。

「そこまでは富裕にならなくてもいい」と、ストップをかけていれば、豊かさの**相当手前**でストップします。遠慮もエゴなのです。

「そこまでは生きていたくない」と、ストップをかけていれば、すぐにでも死ぬ可能性が大。

「そこまでは尽くしたくない」と、ストップをかければ、愛は全く無いのと同じになります。

「そこまでスピリチュアルを理解できなくても構わない」と、思えば、ほとんど理解できません。

「このくらいはブレても仕方がない」と、ブレないことへのストップをかければ、四六時中ブレっぱなしになります。


生命の光は永遠無限ですが、永遠無限というのは、どこまでもストップをかけない「天井知らず」のことです。それが宇宙のシステムですし、虚空の意図ですし、生命の光の本質です。

もし、虚空が、色々なことに対して「そこそこでいい」「そこまではしたくない」と思って、ある時点で自らの意識活動にストップをかけていたなら、宇宙はとっくに完全崩壊しています。存続できていません。

ですから、あなたがストップをかけなければ、生命の光は叡智のままに伸びていきます。あなたが心配するまでもなく、生命の光はあなたの頭脳よりもずっと賢くて、自らの意志をちゃんと持っているのです。（なにしろ神ですから）

その神の光が（命が）自由に伸びやかに動こうとしているのに、個人的なあなたがストップをかけるものではないですし、それこそエゴイスティックな行為であり、生命の光（神々）への冒とくです。

残念ながら、過去の地上界では「そこそこにしておくべき」というルールがまかり通ってきました。これは宇宙的には真っ赤なウソです。これこそ闇の陰謀です。

「そこそこにしておくべき」という人工的な観念をプログラムしたのは、伸びやかな生命の光が、私たち各自を通じて「能力や個性」を発揮することを阻止したかった者による策略だったのです。みんなが素晴らしい存在になってしまうと、誰のことも支配操作できなくなるからです。

「そこそこ」という考え方は、一見、中庸をもたらすかのように思えますが、真の調和も、真の公平ももたらしません。逆に、もともと私たちが持っていた「調和の感性」「バランス感覚」を鈍感にするだけです。

「そこそこであるべき」「そこそこの寿命でいい」などのプログラムによって、生命の光にストップがかかってしまうと、エネルギーは抑圧されて縮みます。この縮んだ感覚は、恐怖感覚としてあなたをアタックします。

今後、皆様には、毎日やって頂きたいと思うことがあります。

あらゆる生命の光に対して、全身全霊で感謝と祝福をすることです。

そして、もうひとつは、ウイルス感染の恐怖、それに伴う色々な恐怖感、その全てを丁寧に見つけて、優しく意識の光を向けてあげるということ（愛の浄化）です。

以上を継続して頂くためにも、「そこまでしたくない」という自我の意識ではなく、**「どこまでも喜んでやりたい」という神々の意識のほうを「選択」して下さい。**

単なる二択です。

虚空には豊穣のデータしかない

もともと無限の虚空には「全ての豊穣の経験データ」が光として内包されています。虚空は、膨大な豊穣経験のビッグデータの宝庫です。つまり、もともとの虚空には、貧困・欠乏・病気の経験データは無いのです。これが虚空の偉大なところです。虚空には豊かさの進行のデータしかないのです。

貧困・欠乏・病気・肉体死・老化などのデータは、地上での人工的なバーチャルゲーム（夢見）

の中にのみ存在するイリュージョンでしかありません。
実は、私たちが何回生まれ変わっても追いつくことが出来ないほどの「無数の経験」を、虚空だけは「一気に・同時に・瞬時に」済ませてしまっているのです。この究極の宇宙真理を知っているのといないのとでは、あなたの人生の安心感に大きな差が出ます。

虚空は、ビッグバンの前に、すでにあらゆる豊かさの経験を完了しており、その全てを圧縮ファイルとして保管している状態になっているわけです。この圧縮ファイルの名が神界です。

全ての経験を「意識の上では」同時に一瞬で済ませているので、超時短といいますか、時間ゼロですから、虚空にはスタート点とゴール点との区別がありません。

物事の開始と結果が「同じ時点」に圧縮されているので、二つを区別できないのです。

「宇宙には、始まりも無ければ、終わりも無い」と言われるゆえんです。原因も結果も同じですから、「こうすれば、こうなる」という因果応報の法則が通じません。

虚空は、その豊穣経験の結果が詰まった圧縮ファイル（神界）から、順次、一つひとつの豊穣の時空間を地上の私たちに送り込んで、私たちの肉体を通じて、その豊穣空間をこの世にオープン・ファイル（開花）させていくのです。

虚空は、すでに意識の上では経験済みの豊穣の様子を「なんて豊かな現実なのだ」という喜びを感じながら、時間をかけてゆっくりと経験したかったのです。すでに意識上では知っている豊穣や富裕ですが、まだ地上界では経験していないので、じっくりと具体的に体験したかったのです。

虚空からすれば、たくさんの豊穣経験を一気に瞬時に「収録」してしまったので、その収録内容を放映するための大きな「空間」と、それらをゆっくりと観察するための「時間」を創造する必要がありました。**このようにして、空間と時間が創られたのです。**

虚空が偉大なのは、「とっくに全ての豊穣現実を経験してしまっている」ことです。地上の私たちにとっては、まるで前人未到の経験（未知の時空間）のように思えても、虚空からすれば、すでに経験を完了しています。

それをそのまま地上のカラダに日々授かるというラッキーさ！

このことが、いかに素晴らしいことか、そして、虚空とつながっていることがいかに安心できることなのか、分かって頂けると思います。

例えば、この世のＤＶＤには色々なドラマが収録されていますが、始まりの時点も終わりの時点も、全部が1枚のＤＶＤに圧縮されています。そのＤＶＤを早送りして、最終結果を先に見ることもできますが、ＤＶＤの中身がどのように発展進行していくのか、その「進行のプロセス」を見ることが観察の目的ですよね。

虚空は、この地上空間というスクリーンの上に、圧縮ファイルを開いてプロセスを観たいわけです。

虚空が豊穣ＤＶＤを鑑賞する目線は、私たちの脳内の「松果体」という部分にあります。

第三の眼、神の眼から観るのです。

しかし、世間一般の方々は、自分自身が虚空の目線を持った観察意識であることを忘れていますから、過去に観た同じDVDにばかり意識が向いており、古い内容をずっと繰り返して観ている状態です。

ほとんどの方が、新しいDVDの波動を選択せず、豊穣の波動への意識の切り替えが出来ていないのです。

例えば、ホラーの内容を収録したバーチャルDVDならば、恐怖の波動で出来ています。愛と喜びの中身でいっぱいの弥栄なDVDなら、虚空の歓喜の波動で出来ています。虚空が本当に観ていきたいのは、地上界に放映される「調和による発展の世界」です。

ですから、他の方はともかくとして、あなたが素晴らしい発展現実（豊穣の時空間）を観たいと思うなら、あなた一人だけでも**波動の選択**を切り替えて下さい。虚空と同じイキイキした喜びの波動に意識を合わせ続けて下さい。波動の選択がなぜ大事かと言いますと、それがそのままDVDの中身（現実の内容）になるからです。

「現実結果の波動」を先に選択することが、創造における超秘密です。
これが神界における原理であり、5次元の意識を使うということです。

「究極の覚醒」でなければ意味がない

一口に覚醒と申しますが、覚醒にも色々あるのです。覚醒に関しましては、スピリチュアルなことを何も知らない頭にもちゃんと理解できるように、かなり的確に丁寧に伝えていかなければならないテーマだと感じています。

最近では多くのメッセンジャーさんたちが「皆さん、早く覚醒して下さい」と訴えておられますが、覚醒して下さいと言われても、どうすればいいか分からないから、困るわけです。

そして、「何のために覚醒するのか」「何者として覚醒するのか」ここが明確になっていないなら、お話にならないのです。虚空とつながることも「何のためにつながるのか」そこが明確になっていないと始まりません。

お坊さんたちが昔から追求していた覚醒は、虚空という「悟りの境地」に入滅するタイプの覚醒がほとんどです。ただし、このタイプの覚醒は古いモデルです。

この古いモデルは、いわゆる修行によって達成できる場合もありますし、自ずと起こることもあるのですが、そこで喜んでいる場合ではないのです。

実は、そこを皆の目的ゴールにして、その先へは絶対に進ませないようにする「陰謀」があったからです。

意識の覚醒の必要性をメッセージする方は多いのですが、色々な陰謀のせいもあって、「虚空の意識活動」を束ねているのが、「神界」であることをご存知ないのです。

この未知なる神界に私たちが入っていくことの重要性、そして神々とシンクロすることで「究極の覚醒」をする、この重要性を伝える人は本当に少ないのです。

この神界へ入るには、神界の波動（弥栄のイノリの波動）でなければ入ることができません。縁の結びが起きないのです。

虚空という中心の愛の意識として覚醒することは、あくまでも神界へ進み入るための「通過点」であり、神界へのステップの踊り場にすぎません。

ですから、虚空としての覚醒を目的やゴールにしてしまうと、その先が見えなくなり、虚空の意識活動を束ねている「神界」へと進めなくなります。神々とシンクロできません。

神界へ進まないなら、人間界の意識へとカムバックするだけです。前へ進まないのだから、虚空から再びバックするしかないわけです。これがどういう悲惨なことか、お分かりになるでしょうか？

あなたの本格的な才能や創造性が芽生えるのは、「神界」に意識を入れてからです。「神界の神々」だけが、調和した発展繁栄の世界を創造できる、そのことを忘れてはならないのです。

皆様も、今までは「個人的な自分」というエゴの自覚でずっと生きてこられたと思いますが、あなたの意識が自我の外へ脱出できたなら、もうそこは虚空なのです。もう虚空の光につながっています。

過去の記憶や、思考や、感情を、ただクールに観察している自分になっているなら、あなたは内なる中心の虚空になりきっています。

このように、虚空としての覚醒は、自らが虚空の自覚をしてしまえば、そして、人間エゴに一体化して振り回されないならば、意外と簡単に起こるのです。

たとえば、昨晩まで幼稚園児だった子供が、今朝から一気に小学生になる、それって、自分はもう小学生だぞという「自覚」をするだけのことですよね。それが小学生として覚醒したということですが、虚空の自覚も同じことです。

ここで注意点があります。

いったん虚空の意識として覚醒しても、その奥にある「神界」へと進まないならば、あなたの意識は再び人間エゴ界へと戻ってしまうのです。そんな方々をたくさん見てきました。

さらに、せっかく神界へ意識を入れた方でも、日々の「神としてのイノリ」「神呼吸」を忘れると、個人的な人間エゴへと波動低下してしまいます。真の自己を忘却しますから、いつの間にか、また人間エゴに戻るのです。ここは本当に大切な注意点です。


昔の自動車に多かった、手動でギアチェンジを行う変速機（ミッション）をご存知でしょうか。そのギアチェンジを例にしてお話しさせて頂きますと、車のギアは、常にニュートラルを経由してギアを入れますが、意識のシフトも全く同じ理屈です。

人間エゴ界は、いわゆるバックギアのようなものです。あなたが個人の意識のままであれば、バックにギアが入っている状態ですから、神界にはギアが入っていません。したがって、神性や霊性も身に付きません。能力も才能も出ません。

ですから、いったんは、そのバックギアの意識をニュートラル（虚空ゼロ）へと入れ直し、そのニュートラルから神界へとギアを入れるわけです。これでようやく発進できます。

あなたが神界へと意識のギアを入れたなら、あとはアクセルをふかして進んでいくわけですが、アクセルをふかすことが「イノリ」に相当するのです。イノリというアクセルをふかしながら、ますますギアをＴＯＰへと入れ直していくのです。神界にも、まだまだ奥があり、神界は奥行きが深く、神界次元の岩戸はいくつもあります。

では、なぜ神界へと意識を進ませなくてはならないのでしょうか？　それは、人間エゴ界がバーチャルな幽界でしかなく、集合意識で見ている幻夢のイリュージョンでしかないからであり、**幽界に意識を置いた状態で創るものは、すべてが単発で終わるからです。要するに「一発屋」で終わるのです。**そこからの発展は何も起こりません。

ところが、神界に意識を入れて言動していくと、必死に頑張らなくても、次々と自動的に発展していくような弥栄システムが機能しますから、次々と各自の中から才能があふれ、次々とラッキーな出来事が勝手に起こってきます。

私たちにとっては、意識の「所属先」が大事なのです。神界という最高に豊穣な空間の中にこそ、永遠無限に繁栄する物理世界（現実界）を開花させることができます。

ようやく、神界の中に現実界を現すことができるのです。

神話が実話になるのです。

イノリ（神々）は深い呼吸を通じて動く

私たちは、虚空のイノリがチャージされた光の波であり、それは呼吸とか、神々の働きとも呼ばれます。純粋にそれです。

しかし、浅くて焦った呼吸や、息詰まるような呼吸からイノリを発しても、宇宙全体へと広がることはなく、全体へ運ばれません。

このシンプルな純粋さに覚醒するとき、初めて真の自分に出会い、一体化でき、ひとつに統合されます。

あらゆる全ては、必ず天地の思惑（神界の思惑）で進みます。したがって、今、天地の御業（神界の神々の御業）への信頼が、私たち各自の選択として問われているのです。

天地の思惑や営みをちゃんと信頼していない人ほど、色々な災難に対して「私が何とかしなきゃ」とか「私たちのイノリで何とかしなきゃ」という自己中心の気（圧力）を自然界へ放ってしまいがちです。

しかし、これこそが自我の所業です。しかも、「その状況は災難である」という見方さえも、自我の誤解なのです。

本当は、世界中のどこにも被害者などおらず、当事者たちの意識の中にある「被害者意識」が勝手に苦痛を創り出しているだけですから、周りの者や傍観者が「感情的な思考」を向けないほうが、物事は自然に収束していくのです。

「私が祈らなきゃ」と、つい思ってしまうことは、本来の自然なイノリではないことに関して、6月のある日、ハイアーセルフからメッセージを頂きました。それは、ソフトな波動でありながら、凛とした気迫のこもった声でした。

本来、イノリとは虚空（神界）から発動された光であり、しかも、「こんな時こそ、祈らなきゃ」という非常用のものではなく、常時のものです。

イノリは神の光であり、私たちの「生命力」そのものであるわけです。言い方を変えますと、生命力を授かっている私たちは、神々のイノリそのものを全身全霊に頂いているということです。まさに天孫降臨のイノリを頂いているわけですが、この地上界に「常時」放つために頂いていることを忘れてはならないのです。

イノリ（生命力）の土台になっているのが、全体的な感謝・祝福・喜び・愛です。どこまでも全体的ですから、そこには個人的な期待や好みがありません。

もし、個人的な期待が少しでも介入すると、全体的な叡智からは程遠い念力が介在するようになり、その圧力によって宇宙全体が不自然に歪みます。

あなたのイノリの先に、何らかの期待が少しでも描かれているなら「報酬」を欲しがっている自我と何も変わりません。

あなたが弥栄を願おうが、平和を叫ぼうが、全体調和を願おうが「それが良きこと」という偏ったジャッジをし、偏った結果をイノリの報酬として期待するなら、宇宙創造主のイノリではなくなります。報酬という考えそのものが、エゴ特有の我欲なのです。

もし、純粋なイノリそれ自体が、あまりにも素晴らしいエネルギー現象だと、あなたが心底から悟ったなら、いったい誰がそれ以上の報酬を望むでしょうか?

純粋なイノリそのものを、ちゃんと全身全霊で観じることができたなら、あなたは完全に「満腹」になってしまうのです。

イノリは、それだけで途方もない感謝であり、完全な祝福であり、あまりにも深い歓喜とエクスタシーをもたらします。

イノリはそれ自体で、充分すぎるほど至福であり、超古代の私たちは、イノリそのものが目的で祈っていたのです。平和が起こるべきだとか、こういう状況が起こるべきだとか、アレとかコレとか、いっさい言わないのです。

この自分がいのることで、世の中が変わるだろうという報酬への期待、この自分がいのることで、神々が少しは自分に「肩入れ」してくれたり、味方になってくれるかもしれないという報酬への期待、そんなものは「引き寄せゲーム」と何ら変わりがなく、イノリでも何でもないのです。

イノリは、それ自体が目的であり、手段ではありません。個人が考える「すてきな結果」という報酬のための手段ではないのです。手段と目的が統合されています。

その充分すぎるほどの豊かさと至福のイノリのエネルギーで、日々の全てに魂をこめて生きるなら、自ずと神界の理想は起こってくるのです。

そして、恐怖心から「平和であれ」と祈ることも、足りないから「豊かであれ」と祈ることも、可哀想だから「助かってくれ」と祈ることも、実は、不自然極まりないエネルギー現象を生むだけです。イノリ自体が、最初から自然で楽しい現象です。

極端にいうと、イノリの状態にある時は、神々がいるかどうかさえ気にならず、天地にイノリが届いているのかさえ、もうどうでもいいほどです。**イノリの状態の時には、イノリそのものへの深い信頼が、すでに起こっているからです。**

いったん、あなたがほんの少しでも報酬を求めたら、イノリは堕落していきます。何も報酬を求めず、ただ「静」の中にとどまって、しかもオープンハートで、どこにでも行けるようなスタンバイ状態で、完全な天地への信頼と「ゆだね」と全てへの歓迎の意識になっている時には、純粋なイノリが起こっています。

イノリは、個人が為すことのできるような何かではないのです。真のイノリにおいては「やり手」が不在である時に、イノリの臨在が起こるのです。

イノリは個人的な活動でもないし、個人的な行為でもないし、たったひとつの「根本的エネルギー状態」のことです。宇宙創造主の息吹きそのものです。

ですから、あなた個人のイノリが世界を変えるのではありません。**あなたには関係なく、ただただ純粋なイノリが着々と世界を変えていくのです。**

そのイノリの状態を自らの身体空間に通過させていく喜びは、何ものにも代えがたい歓喜です。

そのようなイノリの継続は、「あなた自身」をどんどん変えていくはずです。もし、イノリがずっと継続されているにも関わらず、あなたを何も変えていないイノリなら、そのイノリは「まやかし」だったということです。

瞑想の基本は「静」

虚空は姿カタチを持っていませんが、ビッグバンの瞬間、自らの意識を「二つの働き」に分けました。静と動（不動と躍動）です。

「動」には動機があり、目的地が他にありますが、「静」の目的地は今ここであり、感謝と祝福と喜びの時点（次元）です。感謝・祝福・喜びの音は、実は「静」であり、無音（素音）なのです。人間が思っているような「喜び」は、実は本当の喜びでも何でもなく、一瞬の激しい興奮でしかなかったのです。

虚空の泰然自若とした「静」からは、涼やかでダイナミックなエネルギーの「動」が生じて輝きを放ちます。これは、私たちが胎芽（胎児になる以前）の頃からすでにあった呼吸（生命の光の循環）のことです。

わずか0・1グラムの胎芽を、その3万倍に匹敵する3キログラムの赤ちゃんにまで発展させるのですから、私たちの中を循環する本来の呼吸というものが相当な生命力なのだと分かります。

ここで、イノリという瞑想の重要性についても、どうしてもお伝えしなくてはならないのですが、瞑想の基本といえばリラックスです。それは「伸び伸びした静」です。そのような「静」の状態がなぜ重要かと言いますと、「静」が万物創造の基本であり、生きる基本であり、イノリの基本だからです。しかも、リラックスとは特定のポーズのことではなく、エネルギー変換のことです。

「静」とは無心の状態であり、存在する感覚だけの純粋な意識状態です。思考ゼロのことであり、無私のことであり、ノー自我の状態、過去がゼロのことです。

おそらく、世間一般のほとんどの人が勘違いをしておられますが、「静」と「動」を完全に別のこととして認識されています。静と動を完全に分断して考えています。

しかし、宇宙の基本は「静」なのです。「静」は最も光が充満した状態で、最も満ち足りた状態で、創造のスタンバイ状態なのです。

この基本的な「静」が静のままで動くことを「動」と申しています。静ではない動があるのではなく、静が動いているのです。ですから、常に「静」が主人公なのです。

つまり、宇宙には、「静」が止まっている瞬間か、もしくは「静」が動いている瞬間か、二つの側面があるだけです。「静の止」か、「静の動」か、いずれかです。

あなたが、自分の「静」を壊すことなく動かしていくのであれば、どんなに素早い動きでも、どんなにスピーディーな動きでも、静そのものが「静のままで」動いているから、呼吸は乱れません。長時間の動きでも、疲れることもありません。早い動きを長時間続け、いきなり動きを止めても、呼吸はハアハアしません。全く乱れません。

ところが、**「静」を基本にせずに、ただ動くことを追求するなら、呼吸は乱れ、そこから創られるモノゴトや結果も必ず乱れます。**

このように、現代人の言動のベースには、「静」が全く無いのです。これを修正するためには、どうしても瞑想が必要なのです。

武道、柔道、剣道、華道、神ながら道など、道を極めるようなものは、必ず「静」が基本になっています。「静」を中心に据えています。**この「静」を極めるなら、動を極めることにも通じていきます。**

「静」を抜きにした動きや、活動や、仕事は、焦り・イライラ・不安しか生み出さず、異常に疲れてしまうのです。そればかりか、焦りやイライラの反動として、今度は「怠惰」「ウンザリ」「面倒くさい」を引き起こすのです。

世間一般の多くの人は、あまりにも「動的なガラクタ」でいっぱいです。何の美しさもない、自然さのかけらも無い、めちゃくちゃな「人工的な動」です。

このガラクタには「静」という土台がすっぽ抜けていますので、それを取り戻す早道が「瞑想」なのです。

そして、瞑想は私たちの意識の本質です。何の判断も分析もなく、ただ観察し、ただ観照し、思考の動きを見ている目撃者であること、それが意識の本質です。

思考の往来がとだえ、あらゆるものが静止し、意識が全くの「静」の瞬間になった時、純然たる透明空間になった時、そこに神がいます。すると、その神が「自ずと」動き始めるのです。この瞑想状態が私たちの自然な日常になるならば、それがまさに「神界の日常」ということです。

瞑想は決してあなたを疲労させないし、消耗させたりもしませんが、ただし、瞑想が大事だからといって、義務感や、強いられた瞑想やイノリは、本人を自然から遠ざけるばかりです。瞑想は、強いられた努力であるべきではないし、ご本人の本気の好奇心や、自発的な喜びから、積極的に楽しく向き合っていくものなのです。

毎日、同じ場所で、同じ時間帯に瞑想していくならば、その時間になると自然に瞑想したくなり、その場所に行くと自然に瞑想したくなります。自然に肉体・マインド・魂の中に「瞑想への渇望」が生じてきます。この習性を利用していけばいいのです。

同じ場所、同じ時間に瞑想することを通じて、自然な渇望が湧くようになるマインドの習性を利用するのです。

空っぽの自分になること、無の空間になること、その静なる（聖なる）スペースが確保されることへの心地よい渇望が湧きます。そのような渇望は自然な意欲です。

毎日、同じ場所で瞑想していくと、できれば、その場所を瞑想のためだけに確保していくと、その場所は瞑想の波動を持つようになり、その環境は特定の静寂なバイブレーションを帯びて、特定の雰囲気をかもしだすようになります。それが神界の中心になるのです。神社や仏閣が創られた理由はソレなのです。

日々、古きを閉じ、新しきを開く

私たちは、たとえ詳しくは思い出せなくても、過去や過去世の記憶を意識の中にたくわえて持っています。敏感な方は、「こんな過去世を過ごした気がする」などと、記憶の宝庫から取り出して思い出すこともできます。あるいは、思い出せない人であっても、過去世で強烈な感情を伴って体験した事柄というのは、パターンとして繰り返すことが多いのです。

なぜ今世でも繰り返すのでしょう？

それは、いつまでたっても過去の時空間をエネルギー処理できず、愛の光へと昇華できていないためです。エネルギー処理できないのは、その時空間をいまだに「ゆるす」ことができていない場合です。

「こんな現実があってはならない」という思いが強く、その現実を絶対に受け入れることができない「ゆるす」ことができていないために、幽界として存続させてしまうのです。

あるいは、逆に「あんな素敵なことは二度と無いだろう」と思い込むことによって、特定の時空間を手放せなくなり、やはり幽界として残してしまうのです。

宇宙のメビウス法則として、物理世界で現象化した物事は、ほんの一瞬だけ現象化したのち、またすぐに砕け散って、光の粒々へと戻っていくのですが、そこに自分自身の後悔や未練があると、その出来事（時空間）が完全に壊れることができず、半死半生のような「幽界」として残してしまうのです。

あるいは、脳が「時間は直線だ」と思い込んでいれば、「さっきの出来事は、今も引き継がれている」と見なすことになり、やはりその古い時空間を幽界（幽魂の世界）として残してしまいます。

すると、その古い時空間をまた現実化してしまい、新しい自分や時空間が授かれなくなってしまいます。

私たちは、「自分が」新しくなっていくのだとか、「自分が」進化していくのだと考えがちです。だからこそ、今までものすごく頑張ってきたわけです。いかがでしょうか？

しかし、それが自我の思考であり、エゴイズムということです。

実は「この自分が」いったん完全崩壊することによってのみ、結果的に「新しい自分」「進化した自分」を授かることができるのです。すると、進化した自分からは、進化した新しい時空間が自ずと創られていくのです。

多くの人が見過ごしているのですが、「崩壊」がいかに大事かということです。崩壊こそが浄化だからです。

昨日の自分が居た時空間から、日々、意識的に意識を抜きましょう。**昨日の自分や時空間の「波動」を完全に忘れましょう。**すると、幽界の時空間が完全崩壊できます。

その後、「新しい波動」を日々観じていくようにしましょう。それを抜きにしては、絶対に新化や進化は起こりません。

「昨日はこうだった、ああだった」「昨日の自分はこうでした」「イノリや瞑想がうまく出来ませんでした」といったような昨日のタイムラインの中に、今日の自分を立ち上げてしまう人が実に多いと思います。

うまくできたことも、できなかったことも、今までの全てが「単なる経験」ですから、「よし！」と区切り（見切り）をつけて、そこから意識を抜いていきましょう。

昨日に経験した時空間を、未練なく完全に閉じていくことです。

神呼吸（光&闇）

世間一般には出回っていないような「秘伝瞑想」は沢山あります。それらは、物事の本質を純粋に見抜いて悟った先人たちによって、後人たちに直接手渡されていきます。

瞑想のテクニックを商売の道具にして、お金を払わない者には秘密にするというような意識の低い人は別として、なぜ本物の先人たちはテクニックを秘密にしてきたのでしょうか？

徹底的にテクニックを秘密にして、受け取る人のタイミングが来たとき、最大の祝福でそれらが伝授される。

先人たちが過去に並々ならぬ精進をしたおかげで「神界」から授かったもの、つまり、秘めて、秘めて、秘めてきた大切なものを、師は最大の祝福と共にそれを弟子に伝え、弟子はそれを最大の感謝でもって受け取る。

師と弟子の間に、目には見えない強大な愛の力が交合し、和合し、単なるテクニックを超えた奇跡のツールとなって引き継がれていくのです。

そこに金銭が介在するときは、それは弟子から師への本気の感謝の表れであって、単に商売道具としてテクニックが引き継がれることになるのかどうかは、テクニックを受け取る弟子の側の魂が純粋かどうか、それ次第です。

そして、呼吸法はただ機械的に修行のように実践していればいいというものでもありません。呼吸の「質」を会得することが最優先で、その上で、意識の使い方をたくさん学ぶ必要があります。

つまり、呼吸には「目的・方向性」を明確に与えることが重要なのです。

万能の神呼吸の「意義」を明確に理解して、その「使い方」を意識できなければ、今までの呼吸と何も変わりません。

これから記す「神呼吸のテクニック」は、全貌を明かしてはおりません。

皆さまが自らの生命をかけて、全ての人が覚醒することへの奉仕の意志が明確になりましたら、その時には全てをお渡しできると思います。

■光の神呼吸（光の瞑想）

いかなる呼吸法であっても、呼吸に関する大切なポイントはたったひとつです。あなたの全身全霊をもって、**光（＝生命）に感謝して祝福することです。全てを創造する光ですから、感謝して祝福するほどに、その偉光は倍増します。**

1、純粋な無の空間（虚空）に意識を合わせます。そして、虚空の中心に最初にできた原点である「天」のポイントと、それを反射させてできた「地」のポイント、この2点をつないだ「光の柱」を意識します。天のポイントは、簡単に言うなら「宇宙の中心」ということです。

2、光の柱が、スーっと四方八方へ「無限に」広がり続けることを視覚化して下さい。宇宙の果てまで光が拡大し、その「宇宙の果て」さえもが、さらに拡大し続けていくのを感じて下さい。

3、光が自由に拡大していく喜びを味わいながら、あなたの頭上から「松果体」へ光をタップリと吸い込み、まるで松果体が太陽のように輝くのを感じてから、光をそのまま臍下丹田(せいかたんでん)にまで吸い降ろしましょう。臍下丹田も、まるで太陽のようにさんさんと輝きます。臍下丹田は、恥骨の1~2センチくらい上です。

4、臍下丹田からターンする感覚で、吸った光を頭頂部から頭上へと吐き出していきましょう。光は、宇宙の中心にまで戻っていきます。
そして、これも超秘密のひとつですが、息を吐く時、あなたの首が(頭は今の位置に残したまま)頭の中を突き抜けて、「天まで」しっかりと伸びて「届く」ことを意識して下さい。

これで「死と再生のメビウスループ」が一段とパワフルになります。

5、3と4を何度も繰り返し、日々継続することで、臍下丹田が強くなります。そうすると、ハラがハラとして(中心が中心として)安定し、不満や不安が消えていきます。すぐに反発したり、何かにつけて文句を言いたがるパターンの人は、中心を強めたくない人ですので、色々な言い訳をしながら神呼吸の実践から逃げてしまいがちです。

■闇の神呼吸（癒しと復活の瞑想）

壮大な無の空間（虚空）に自らの意識を重ね合わせます。無の空間（創造のゼロ・フィールド）になりきって下さい。

無の空間は、全ての波動を愛の光に再生するための空気清浄機のような働きをします。

私たちが今までに、世界中、宇宙中に撒き散らしてしまった「不自然で不愉快な波動」を、祝福と共に吸い込んでいきます。

色々な恐怖、憎悪、ねたみ、恨み、絶望感、喪失の悲しみ、そういった不自然なバイブレーションを、ねぎらいの気持ちをもって、感謝しながら吸い込んであげましょう。

息を吐くときは、先ほどのバイブレーションが完全に新しい光となって外側へ広がって出ていくことを祝福と共に見送ります。

おわりに……（非常に重要なこと）

私たちが気付いていようがいまいが、大いなる宇宙生命である光の流れのなかに、「神々の系譜」が川の流れのごとくに脈々と息付いています。そして、その流れの恩恵を余すところなく受けている私たちは、紛れもなく「神々の末裔」なのです。

神々の系譜より脈々と受け継がれる「最高の命の光（ひ）」のことを、超古代の人たちは「真名（まな）」と呼びました。今もなお私たちは、その真名の流れを恩恵として授かり続け、それによって生かされ続け、発展進化させられています。

外側や周辺を表すものを「仮名」と言い、それに対して、本当の中身をあらわすものが「真名」です。「真名」とは、自と他を同様に愛することのできる澄み切った清明心の流れです。

ですから、あなたが自らの意識のなかで、自と他の「隔たり」が無くなったとき、つまり、目に見える姿カタチ（仮名）にとらわれなくなった時、これぞ本来の「和合」の意識であり、まさに神そのものの意識であり、そこにはいかなる「奇跡」も降臨するであろうと思います。

宇宙の森羅万象の事物は全て、外側の単なる姿カタチ（仮名）だけでは存在することができず、必ずそこにはそのカタチ自体を「生かそう生かそう」とする「真名」が流れています。

古代の人は「真名」を「ひ」とも呼んだのです。「ひ」は、霊、光、素音のことです。素音はコトダマの大モトになっています。

宇宙創造主から授かり続ける真名のおかげで、全ての仮名（姿カタチ）が成り立つのです。真名は永遠無限ですから、それ単独でも存在し続けることが可能ですが、仮名は真名なしでは存続できません。

この真名は、聖人の中にも、悪人の中にも、全ての人の姿カタチ（仮名）の中に、公平に脈々と流れています。イエスキリストにも、暴君のネロ皇帝にも、聖母マリアにも、一般人にも、全く同じ真名が中心土台に流れています。シリウス人であろうが、アトランティス人であろうが、同じです。

したがって、各自の真名の流れには、全く優劣がないわけです。しかし、本来は優劣がないのですが、どうしても「仮名」には人工的な優劣の概念がついてまわりがちです。（本来は、仮名にも優劣がありません）

たとえば、イエスキリストという仮名、山田A子という仮名、伊藤B男という仮名、夫や妻という仮名、大統領という仮名、宇宙人という仮名、レプティリアンやドラコという仮名、それらの「仮名」をあなたが見聞きするとき、無意識にせよ、意識的にせよ、あなたの中には「優劣」や「分断」や「分離」の思いが生じるのではないでしょうか？

ですから、あなたが「仮名」を意識すればするほど、分断や境界線が生じますが、絶対的で最高最大の「真名」を意識すればするほど、和合・調和・融合が自然に起こります。

私たちは、同じ「真名」を授かっていても、その「質」を全く低下させることなくイキイキと放っている人なのか、「氣枯れ」の状態にまで変質低下させて放っている人なのか、その違いがあるだけです。

クヨクヨし、疑い、腹を立て、拒絶し、心配することで「真名」を氣枯れた波動にしてしまう現代人よりも、自然界に遊ぶヒキガエルのほうが、「真名」の本質をそのまま放って生きているかもしれません。古事記に出てくる大国主命は、そのことに気付き「あのヒキガエルのように生きたいものだ」と叫んだくらいです。

ただし、私たちがヒキガエルと大きく異なる点は、授かっている真名をしっかりと意識でき、真名として覚醒できる可能性がある点です。そして真名の本質である弥栄のイノリを、意識的に放つことができる点です。

「弥栄発展のイノリ」は、真名（宇宙生命）の本質ですから、決して仮名がイノリをしているわけではないことを忘れないで下さい。イエスキリストでさえ、彼が祈っているわけではなく、彼の中の真名（イノリの流れ）がイノリの作用を起こしていることを忘れてはならないのです。

私たちが真名を意識し、真名に一体化して、たったひとつの根本的な真名へと完全に溶け切っていくなら、宇宙生命の壮大な流れに守られて、発展進化の方向へと楽に運ばれていきます。

神々の系譜である真名そのものは永遠無限にずっと進化していきますから、あなたが真名に一体化していく限り、神界のさらなる奥へと自然に運ばれて進むことになります。

そのおかげで、あなたの姿カタチ（仮名）もますます進化変容できるのです。

あなたは、「不動」の神の意識であると同時に、常に「変動」し続ける宇宙生命でもあるのです。聖なる双子・聖なる陰陽です。

●参考文献

ハズラト・イナーヤト・ハーン『音の神秘』(平河出版社)、1998年
ニール・ドナルド・ウォルシュ『神との対話③』(サンマーク文庫)、2002年
若月佑輝郎『スピリチュアル・リーダーになる』(VOICE出版)、2008年

Mana（マナ）

透視チャネラー
Star・Heart（スターハート）主宰
福井県出身。名古屋市在住。大学では心理学と英文学を専攻。
宇宙創造の中心であり、生命の源でもある虚空（ゼロポイント）を追求していくなかで、
三度の覚醒体験が起こり、スピリチュアルと量子物理学との統合が起こる。
その後、生と死の本当のシステム（仕組み）を解明する。
生死を超えた存在が人類の本質であることを、セミナーや講座を通じて広く伝えており
『空セミナー』を始めとして数々のセミナーを開催し、その動員数は1万人以上にものぼる
「スターハート・ブログ」は、内容の濃さが定評で、多くの読者に喜ばれている、スピリチュアル界のリーダー的存在である。
◎米国クリアサイト認定透視チャネラー
◎國際ゼロポイント協会理事（著作権220818号）
◎正統派海外式レイキ8代目マスターティーチャー
◎全米催眠療法協会公認ピプノセラピスト
著書に『空 舞い降りた神秘の暗号』『空 天翔ける歓喜の弥栄』『空 豊穣の狩人』『メギドの火』『深・古事記神ながらの道』（三楽舎プロダクション）・『宙（そら）が教える「受け取る」の仕組み』（晋遊舎）・『光・無限のいのちを生きる』『空の扉を開く聖なる鍵』（青春出版社）がある。

Star Heart（スターハート）

〒464-0067
愛知県名古屋市千種区池下1-10-8
TEL：052-761-4344
URL：http://www.starheart.jp
MAIL：info@starheart.jp

生死を超える神界のメビウス

2020年9月10日第1刷発行

著　者　Mana

発行所　㈱三楽舎プロダクション
〒170-0005　東京都豊島区南大塚3-53-2
大塚タウンビル3階
電話：03-5957-7783
FAX：03-5957-7784

発売所　星雲社
〒112-0005　東京都文京区水道1-3-30
電話：03-3868-3270
FAX：03-3868-6588

印刷所　創栄図書印刷
装幀　Malpu Design（清水良洋）
鳳凰イラスト　小林美咲
DTP制作　CAPS

ISBN978-4-434-27916-4

三楽舎プロダクションの目指すもの

三楽舎という名称は孟子の尽心篇にある「君子に三楽あり」という言葉に由来しています。

孟子の三楽の一つ目は父母がそろって健在で兄弟に事故がないこと、二つ目は自らを省みて天地に恥じることがないこと、そして三つ目は天下の英才を集めて若い人を教育することと謳われています。

この考えが三楽舎プロダクションの根本の設立理念となっています。

生涯学習が叫ばれ、社会は少子化、高齢化さらに既存の知識が陳腐化していき、われわれはますます生きていくために、また自らの生涯を愉しむためにさまざまな知識を必要としています。

この知識こそ、真っ暗な中でひとり歩まなければならない人々の前を照らし、導き、激励をともなった勇気を与えるものであり、殺風景にならないように日々の時間を彩るお相手であると思います。

そして、それらはいずれも人間の経験という原資から繭のごとく紡ぎ出されるものであり、そうした人から人への経験の伝授こそ社会を発展させてきた、そしてこれからも社会を導いていくものなのです。

三楽舎プロダクションはこうしたなかにあり、人から人への知識・経験の媒介に関わり、社会の発展と人々の人生時間の充実に寄与するべく活動してまいりたいと思います。

どうぞよろしくご支援賜りますようお願い申しあげます。

三楽舎プロダクション一同